艾 平 ＼ 著

万水千山走遍

三毛传

中国华侨出版社
·北京·

　　她，为追梦而生，一生流浪，行遍万水千山；她，站在红尘之上，俯瞰芸芸众生，唱尽世间情怀。她就是三毛，一个有着美丽自由梦与浪漫爱情梦的流浪者，一个聪慧而有灵性的女子！

　　有人说：她活一世，抵得上别人活十世。她用爱与流浪，唤醒灵魂对纯真与自由的渴望。她是一个纯粹的人，不活在别人期待的角色里，她生命的意义就是寻求爱与自由。

　　春天的沙漠，诗意的远方，美好而充满生命力。三毛一生走遍天涯，而最美好、最值得记忆的时光，是在撒哈拉沙漠。谜一样的女人行走在异国他乡，散步于茫茫沙漠，享受人生的美好，感叹造物主的赐福。在异域因为爱与自由，大自然的广袤，她写下了无数美丽的文字，也幸得一生挚爱。她与撒哈拉沙漠，与荷西的凄美爱情，无不演绎着生命的精彩，诠释一个传奇的人生。

灵魂有香气，内心才有风景。清透、纯净的双眸，乌黑的长发，童话般的名字，多情善感的心。她是滚滚红尘中的匆匆过客，浪迹天涯，追逐真爱，最终在沙漠中让心灵得到栖息，给情感找到依托，给人生找到归宿。

她的经历像一泓清泉，驱散尘世的喧嚣，带给你一份恬静与安闲。她用永无止境的漂泊，完成了生命对爱与自由的渴望；她用落拓不羁的情怀，书写了一个时代的困惑与浪漫。她活出了一种瑰丽，一种女人艳美的潇洒与反叛。

多年以来，三毛这朵"荒漠里的繁花"依旧热烈地盛开在读者心间。她的个性和文笔，影响了一代人的精神世界。她精彩的一生中，真情而博爱，完美地诠释了活出自己才是生命最重要的事情。

这是一本真正能抵达三毛灵魂的传记，以文字的力量，撬动时间的闸门，在多年后让万千读者重读三毛的一生，与她在文字的盛宴里相逢；这也是一部改变人生态度与活法的修行书，献给想要活得更真实、更纯粹的你。愿你读懂别人的故事，找出属于自己的生活方式，活出自己想要的样子！

目录

CONTENTS

第一章

芳华初现，梦始黄角桠

"古怪"的孩子

佛说：芸芸众生，如鱼过江，谁又能为谁停留摆尾。然不经意间，你我能为彼此驻步，此乃冥冥天意。纵然今生未能厮守终生，相伴经年，亦是心足。

尘世辗转，人生如梦。曾经年少轻狂，执着地行遍万水千山，望遍天涯孤月，那是一个女子，三毛。一个四处流浪摆弄文字的怪女子。她的故乡，在远方。因此，她将永无休止地追寻。

这世间更多的女子借着一柳、一树、一把丝绸伞，杨柳岸边，吟风弄花，如诗如画演绎婉转的情长梦短，流年绯长。

而三毛却在浩瀚凄艳的沙漠中留下了一个倔强的背影，在异域他乡把万水千山踏遍，留下了一个个让世人无法模拟的足印。一次次地，三毛如此固执地在撒哈拉的沙漠里风轻云淡地告别她的情、她的爱、她的怀恋，轻轻地飘过，随着云彩一起流浪，坠落又腾空。

人生似梦，曾经沧海，一樽还酹江月。任凭风吹雨打，看庭前花开花落，任天上云卷云舒，沧桑变化，心中的梦就是永不凋落的花，沉淀，升华，成像，散发迤逦的光，普耀。

这世间，任何精彩和传奇，总会有个开始，有个追寻。如今，在那嘉陵江畔正上演着一段传奇。

嘉陵江畔的重庆，中国西南地区的一座名城，寒暑暗转，迷雾朦胧，繁华而又安然，没有什么倾国倾城的爱恋，亦没有何等凄风苦雨的成全。百姓安康，乐得平凡。

1937年，国民党政府在日本战火的蔓延下，迁移到了重庆。这座宁静的雾都山城，却成了中国战时的陪都。

重庆一下子就热闹了起来，集中了形形色色的、来自四面八方的异乡人、军人。首都在前方抗战，背后的山城还是车水马龙、夜夜笙歌，前方百万横尸的血还没有流到这里，这里还是一片纯净的自然。

在战火逼迫之下，带着疲乏和寄望，陈嗣庆一家流落至此，如一缕浮萍，无奈自安然。

1943年3月26日，三毛出生在重庆一个名叫黄角桠的地方，有一段民谣，诵说那块尽出奇女和才子的土地。

那一年，风波且定，百事将安，正是天下战乱即将平息的年头。黎明前的黑暗，和平眼看就要到来。中国人民浴血奋战，抗日十二年，终于到了庆祝胜利的时候。

远方胜利的号角声还没有传来，山城内一声嘹亮的哭喊，惊醒了无数人。

她出生之时，正有淡红色的曙光，透过氤氲的薄雾，把上帝和平的福音，透过山峦重雾传递过来，敲响了心灵的那口钟，纯净。

至美之景，诗意而苍凉，为这个女婴的到来渲染了特殊的底色。也许只是偶然，也许真是个奇迹，三毛在这个时候出生了。

婴儿是世间最纯净的了，人之初，性本善，婴儿是无欲无求的，载着梦想，载着期望，载着人生，最后载着一个沉重的壳，再也不能翱翔，只有在这个满是人的世界，匍匐前行。

饱受颠沛流离之苦的陈嗣庆，对这个初来尘世的女婴寄予了一个知识分子和基督徒的理想，他为孩子取名叫"陈懋平"。

"懋"字，是家谱上属于她那一代的排行，而在那样一个特殊的年代，"平"也正是和平、平安之意，也是一个文人无力于时势寄托于文字的懦弱、耶稣教徒的祈祷，在这个孩子的身上赋予了和平的使命。也是将最朴素而美好的愿景，寄托在这个女婴的身上。

做父母的希望自己的子女一生平平安安，不求大富大贵，只愿平淡幸福到老。三毛是没有大富大贵，但幸福只是敲开了窗，还没有来得及入内，就又跑开了。

三毛的命运注定是多舛的，小时候的自闭性格让父母忧愁，几次自杀，父母为此伤心白了头。父母把她含辛茹苦养大，而她又远赴异国他乡，寻找别的安详，最后无恋于世，引颈自杀。

小小的婴孩，学会说话走路，又学会了看书写字。

三毛长到三岁时开始学习写名字，却总也写不好笔画复杂的"懋"字。小孩子图省事，就把"懋"这个字跳过去。小孩子都是懒惰的，一个复杂点的字都不愿意写，而当碰到感兴趣的事时就又勤快至极。

陈嗣庆只得顺水推舟，给她改名叫"陈平"。这是三毛的第二个名字，也是她的第一个笔名，在她十七岁的时候，被大众所知。其他几个孩子跟着沾光，也享受了这个待遇。在三岁的时候就个性了一回，隐约露出固执的苗子。

"三毛"这个名字，是她发表《沙漠中的饭店》时自己起的笔名，那是她1974年发表的短篇，那个时候她正与荷西幸福地生活，每天的欢乐足够多，哪里会想到后来的那些苦难。

起这个名字没有和那个小三毛挂钩什么。三毛只是说，这个名字笔画很好，很是简单。

后来还有人说"三毛"这两个字，是一个卦。三毛是很相信这回事的，如果真的是这样，取这个名字也不无可能。

在这篇文章以前，她一直用真名"陈平"发表作品。

另外，她还有一个英文名字，叫"ECHO"（艾珂），这是一位希腊女神的名字，无关爱情、充满哀愁，就像三毛满腹的痛苦无法说出口。

1989年，三毛第一次回大陆探亲，那个流传着民谣的故乡。在故乡小沙乡，她告诉记者，她要用一个新笔名，叫"小沙女"，纪念她的故乡。

三毛还有一个名字，是她的西班牙丈夫荷西起的，也只有荷西才这样称呼三毛，"我的撒哈拉之心"，很长的名字，那也是一段爱情与婚姻的见证。

分针的转动，最终与时针归一，时针的旋转，终成一体，正如这天下，有分、有合，亦如分久必合，合久必分。

也许真的是信得太过虔诚，或者是分久必合的契机，战争真的是停止了。政治的风雨和顺了，可以不用再奔波逃窜了，人民也有了追寻幸福安康的渴望。

陈嗣庆也带着全家，搬到了国民党政府所在地南京，并在那里开了一家律师事务所，来创造美好生活。后来生活条件有了改善，住房也跟着变迁，他们住进了南京鼓楼头条巷四号，一幢宽敞的西式宅院里，一个更大的天地。

宅院敦实而深沉，散发着古旧的气息，青砖瓦带静静地陈述着冷暖交替的从前，老旧的阁楼，又唏嘘北雁南归。经年辗转，这宅子已经沉淀成为一个绅士，风度翩翩地看着这女孩成长，互相为伴，互解寂寥。

当习惯了那无忌的童言笑语，人走茶凉会把一个壮年直接老化至垂暮。

有人说，享受了荣誉，也就很难再接受低落；享受了陪伴，就再受不了寂寞。

三毛的三年童年，就在重庆和南京度过了，没有什么奇怪的事情，也没有什么仙童事件，这时的三毛是一个普通人，还只是一个孩子，像我们每个人小时候一样，浑浑度日，只嬉戏玩耍。

只是三毛小时候，性格就孤僻、独立、执拗而叛逆。幽幽的深眸中总是透射出凌厉和冷淡，少见天真的浅笑，多是静默而出神地思考。她最喜欢的地方，是邻近的坟场，大人避之不及的地方。孤寂和苍凉反让她觉得心安，阴森得恐怖她也无畏。

一个瘦弱的姑娘，趴在坟头上玩泥巴，玩得野风瑟瑟、乌啼阵阵，甚是心悸。她从不知这是恐惧，反而更觉安心，享受这种沉重的安寂。

坟地安静、寂寥的气息，从来都只是三毛玩乐的调味品。她也从不害怕，死人并不是恶魔，他们只是丢失了生命，被困缚在这个狭小的方盒子里，但灵魂却是自由的，还在外面游荡。这里是三毛一个人的，一个个空洞的家。

小时候的三毛就喜欢坟地，长大了的三毛更加青睐这个地方。小时候是为了排解无聊，长大就是要消磨寂寥，很多年后，三毛在坟前放声大哭。

她的爱人，也住进了坟墓，她陪着他，从日出到日落。

三毛的另一种嗜好就是看宰羊，仔细地盯着全过程，一个细节也不肯放过。有种嗜血光芒在三毛眼里闪耀，扭曲的脸庞看不出是什么表情，只是瘆人得厉害。看完，脸上有一种满意的表情，一声满足的笑，却能把大人都吓破了胆。

这是冷酷也或不是，在殷殷血色中看到了动物的可怜和生命的悲剧，活着的无奈和死了的解脱。三毛小的时候就对生与死如此地执着，长大后，这份执着成就了她的文学，成就了灵魂的永生。

三毛注定了与众不同，因为她的双眼看的不是风景，而是灵魂。即使隐身，也会被那凛冽的视线刺痛。那双黝黑的眼睛，在黑暗中黢巡，偏僻的角落更是不会放过。

世间悲喜无常，人生波折辗转。人生数十年，短短长长，究竟怎样，才不枉然？她执着地用自己的生命勾勒人生的轨道。用生命做出一个待续的答卷。始终在追寻，倔强地追寻！

倔强是悲伤的种子，每一种倔强的包裹之下，总有一颗松软易破的核。那是命运，发芽之后，染了倔强色，即会肆意疯长，不再屈服，头破血流也不回头，即使粉身碎骨，最后也留下了那份宁折不弯的坚韧。

在父亲陈嗣庆的回忆中，三毛亦是那样倔强顽强，"有一天大人在吃饭，突然听到打水声音激烈，三毛当时不在桌旁。等到我们冲到水缸边去时，发现三毛头朝下，脚在水面上拼命打水。水缸很深，这个小孩子居然双手撑住缸底，好使她高一点，这样小脚才可打到水面出声。当我们把她提着揪出来时，她也不哭，她说：'感谢耶稣基督。'然后吐出一口水来。"那个小小的孩子在那时就已虔诚地对耶稣生死相许了。

三毛的一家人都是信奉耶稣的，只是三毛信得更是虔诚，交之与生死，寄之与自然。

三毛从来都没有被虐待、冷落过，但她就是孤独，她讨厌更多的人，可是她又需要关爱，拒绝别人的好意，却独自黯然神伤。

耶稣是三毛一颗心的交托，她不愿意相信别人，却愿意相信耶稣，因为耶稣不会对这个小女孩做什么，为她改变什么，但却是无处不在的。

三毛需要的正是这种淡薄的依托，心灵的依靠，她把一颗心献给了耶稣，只求不孤独。

富足和安稳总是好的，它是一些花朵绽放的土壤。到了南京后，家里宽敞了许多，她玩的花样也多起来：拿着竹竿，想象着自己骑的是会魔法的扫帚；绕着梧桐树骑马，把自己当作古代大侠；林荫采桑，那是一个纯良的少女；蹒跚追鹅，那是年老的妇人。

一个孩子演绎不同的世事，从静物到动物，从生命到苍老。三毛小的时候，就好奇人世间的百态，长大后，一直在追逐天地间的风景。

三毛是和大伯他们住在一起的，很多的人。在这个大家庭里，三毛有堂兄，有堂姐，有弟弟，还有妹妹。但是有的堂兄堂姐念中大，有的念金陵中学，连大三毛三岁的亲姐也进了学校，只有三毛，因为上幼稚园的年纪还不够，就只能在家里玩耍。

那时，三毛有了第一个弟弟，但却是存在感很小的，爱玩的年纪哪有多余的注意力去分给动不动就哭而且还不会动的婴儿呢？

三毛的玩伴除了自家的兄弟姐妹，还有用人兰瑛的孩子"马蹄子"。

不过，她不喜欢他，马蹄子有瘌痢头，而且瘌痢头上总是有嗡嗡作响的苍蝇。那时的孩子总是干净无瑕的，也看不得一点污秽，精神或者是身体上。自闭的孩子更是容不得这样的正常之外的现象。后来，她去上了学，鼓楼幼稚园，是由教育家陈鹤琴所开办的，在家玩的时间就很少了。

兰瑛本来是一个逃荒的人，家里是不需要那么多人的，但是因为和三毛家里的老仆人有亲戚关系，就是管大门的那位老太太，所以才收留了她和她的儿子马蹄子。

最真的快乐总是来自最单纯的心，最单纯的事，属于最单纯的人，那就是童年的孩子们。

三毛是个纯真的人，在她的世界里，不能忍受虚假，就是这点求真的个性，使她踏踏实实地活着。也许她的生活、她的遭遇不够完美，但是我们确知，她没有逃避她的命运，她勇敢地面对人生。

在这纷繁的世界里，寻找属于自己的唯一，人们大多为旅途中的美景而迷失，最后，忘了最初的路。

三毛一直是坚定而执着的，她一直知道自己要的是什么，什么该得、什么不该求，人生的路途她一直按照自己的方向走，不曾回头。

人们常说，身体和心灵，总有一个是要在路上。而三毛的，却逐一地实现。初来尘世，她便开始了旅程，灵魂之旅，生命之旅……

初识"三毛"

黄角桠，黄角桠，黄角桠下有个家。生个儿子会打仗，生个女儿写文章。

一段歌谣，一段故事，一种人生，一种经历，万帆过后，发现，原来，一切皆有定数。

父亲陈嗣庆是个外来文人，而三毛在落地就沾上了这里的地气，冥冥中就成了那个三毛，那个敢爱敢恨，用生命去写字，用生命去爱的世间奇女子。

三毛是陈嗣庆夫妇膝下第二个女儿。三毛的姐姐叫陈田心，比她大两岁。后来又有了两个弟弟，大弟陈圣，小弟陈杰。在姐弟中，与三毛最亲的是小弟。

陈田心从小喜欢文艺，后来当了音乐教师。陈圣经商。陈杰继承了父亲的法律职业。也许是和黄角桠无缘的缘故，他们既不爱写文章，也不去打仗。

既然是俗世，生在这俗世，也是不能免俗的，无论是不是俗气的一个人。三毛就是极信命理这回事的，她相信一切皆有定数，个性、经历和出生等都是相关联的。她对台湾科学家沈君山说过："我的看法是，八字和个性有关。"

三毛的一生都在主张逃脱尘世，逃离命运，只是自欺欺人罢了，那个束缚自己的框是三毛亲自制定的。她一直想逃脱，却还在按着命运的轨迹行走。

也许真是这样的印证，也许是那段歌谣的蛊惑。三毛从小就爱极了看书。小的孩童，还是不识很多字的，小三毛是看了图画和字的形状，再去问哥哥姐姐，弄清书里的大意的。可以说三毛是先看书，后认字的。

生长的轨迹怎么崎岖、怎么缠绕，也转不过童年，离不开家庭，少不了那些年少时光。

正如陈嗣庆所期待的，在三毛三岁时，日本政府正式签署投降书，宣布无条件投降。中国人的鲜血和生命，终于换来了和平。

父亲，陈嗣庆，浙江定海岱山岛小沙乡人。早年毕业于苏州东吴大学法律系，后到上海，以教书为生。抗战时期举家来到重庆，开一家律师事务所维持生活。

母亲，缪进兰，出生于上海，那个繁华又寂寥的地方。高中毕业后不久，就和陈嗣庆结婚。缪进兰曾经多次在小学教学，后来辞职在家，当家庭主妇，相夫教子。高中时期的缪进兰，参加过学校抗日救亡协会，积极参与救亡活动。她是学校的活跃分子，还是校篮球队队员。

可以说家庭对一个人的影响是很大的，近朱者赤，近墨者黑，三毛的父母都是文人，对孩子的教育也并不是那样迂腐无知的，三毛自小也就带有文学的气息。

后来，三毛被送进鼓楼幼稚园。值得一提的是，三毛就是在这一时期，在南京家中，开始了她读书的生涯。

在大宅子里，有一个被哥哥姐姐们称为图书馆的房间，那个地方什么都没有，只是有一个大窗，对着窗有一棵梧桐树，房间内，全是书。

大人的书，放在上层；小孩的书，都在伸手就够得到的地板边上。

三毛因为知道马蹄子从来不爱来这间房间，所以一个人就总往那儿跑，三毛可以静静地躲到兰瑛或妈妈找来骂了去吃饭才出来。

当然并不是只是因为逃避玩伴才进去的，三毛本身也是极喜欢看书的。

在这样的一个文化家庭，父母的熏陶和哥哥姐姐们的辅导。三毛的读书环境也是极好的，对知识的渴求仿佛是从出生就有的。

书室窗外是碧绿的梧桐，书室屋内是求知的孩子。每天清晨，总有如洗的鸟声从窗外传进来，伴着孩子清脆的诵读。

三毛开始走进书看世界，看奇妙人生，那样小的孩子还是不懂什么的，三毛先就只是看故事，然后再学习认字。

三毛也是在这里读了生平第一本书，漫画家张乐平的名作《三毛流浪记》。这是一部漫画故事书。书中小主人公三毛，是一个流落上海街头的孤儿。

张乐平笔下都市孤儿的悲惨生活，感动了千千万万的读者，也包括还在幼时的三毛。"三毛"，成了家喻户晓的流浪儿的典型形象。《三毛流浪记》，全书没有文字，完全以图会意。目不识丁的小三毛，多多少少看懂了书中的情节。

后来，她又读了张乐平的另一本书《三毛从军记》。三毛回忆说："我非常喜欢这两本书，虽然它的意思可能很深，可是我也可以从浅的地方看它。"

三毛不仅对这个"三毛"永远长不大的人物印象深刻，对三毛的创造者也有很深厚的感情，最后成了他的女儿。

"三毛"看过了，其他凡是书里有插图画的儿童书，三毛也都拿过来看。

图书馆里有一套给孩子看的书，是商务印书馆出的，编的人，就是三毛姐姐的校长，鼓楼小学的陈鹤琴先生，后来三毛进了鼓楼幼稚园，也做了他的学生。

一个还在蹒跚走路的小孩，就要背上书包进学堂，父母的期望，社会的期望，在孩子小的时候，就上了一层枷锁。

索性后来，三毛并没有念完学，但没有人会因为她的学历而偏见于她，后来的自学，再后来的留学，无数的讲座、座谈，邀请这个初中没毕业已经辍学的三毛去讲授她的经验。

阅读的时候，小三毛有时笑，有时哭，小小的年纪，也有那样的情怀，好似就已知晓了人世，懂得了悲喜。也正是这样便有了"三毛"这个让世人无法忘怀的名字。

为的或许是人生第一次成长的纪念，更多的可能就是在那时小小的心里就对这个懵懂的世界开始了追求吧。

这漫画形象就此深深地印在了三毛的脑海里，她永远都记得那个头上翘着三根毛，四处流浪，永远也长不大的小孩。

冥冥之中，命运总是有所昭示，一粒沙，影印着一片海的往事；一阵风，倾诉着一场雨的情怀。而年幼的三毛透着不一样的灵魂。这个倔强的小女孩从一出生就注定降落人间的使命，去流浪，去追寻。去演绎一场动人心弦的爱恋，去挥写一个凄美绝艳的人生传奇。

二十六年后，在撒哈拉沙漠，她取笔名"三毛"，就是纪念那位第一个和她对话的书上的朋友。

这一世，她并没有辜负这些名字，和平终偿所愿，虽然并不因她。她却因流浪，成了真正的三毛，也成为张乐平的孩子。

除了张乐平的书，她还读了《木偶奇遇记》《格林童话》《爱的教育》《苦儿寻母记》等书。在书中找寻自己的童话，最后用真实的生命写了一段童话的经历。

三毛说过："我看书，这使我多活几度生命。"

看三毛的书，也使他人的生命多了几次重生。好像是在透支着后世，贪婪不单属于这一生的风景。否则短暂的一生，怎么可以这样跌宕，这样起伏，这样让人难以相信，那是一个柔弱女子走过的路。

一个奇女子，不似风清，也不云淡，用她炽烈的情感，疯狂的行为，直达内心底部，在欣赏作品的时候又有些小怨恨，那么直白深刻，无法忽视也不能忽视。

三毛的童年不能说是怎样，因为她也是个孩子，也要玩耍，也有哭闹，只是游戏有些另类，与我们的童年是差不多的，不能因为一个人的以后，她的从前就要全部改写。

有一天，三毛在南京的家中看桑树上的野蚕，父亲回来拿出了一大堆金圆券给她玩，而且姐姐哥哥都有，在高兴时却看到老仆人在流泪，说他们要逃难。后来他们逃到了台湾。

在那里三毛开始了一种新的生活，台湾也可以说是三毛真正意义上的故乡，有着虽未生之义，但有育养之恩。也是在他乡心灵归宿的港湾。

远处的山岳飞奔而退，波澜的海峡渐渐入眼。迷雾古城重庆，动乱的南京，三毛也没想到，这一离开就几乎差点回不去，大陆的一丝情缘。

1949年，三毛结束了在大陆的童年生活，跟着父母，漂过东海，站在甲板上，看着大陆，渐渐地远了，在视线中汇聚了一个点，人生的起航线有了开点。

渡过汹涌着墨黛色波的台湾海峡，迁到风雨飘摇的台湾岛。三毛在重庆、南京和上海，大约只生活了四年。在这短暂的四年里，她不懂祖国有怎么样的桑田沧海，却真实地经历了，跟着祖国成长。

抗日战争胜利不久，中国爆发了三年内战。延河之水汇成奔腾之势，星光之火化作咆哮黄龙。中国共产党取得了全面军事胜利，除了让后世纠结愁肠的台湾。这一系列惊心动魄的历史事件，对幼童三毛来说，记忆里是平静的，可却波动着她的人生，确切地说是每个中国人的人生。

这样的经历，对于三毛，有些幸运，有些遗憾。幸运的是经历了，遗憾的是却没有留下回忆。

三毛成名之后，却对她童年经历的时代，倾注了相当多的关心，好像想再重新经历一遍，然后在她的笔下重演。

三毛不仅写文章，还写过歌词和剧本。

那是成名后的三毛在台北的时候，有个朋友在筹集旅费，三毛就匆忙写了九首来应急，其他的八首怎样是不知的，但是那首《橄榄树》红遍了大江南北，传遍了故乡的街市和乡村。

这首词被李泰祥谱成台湾电影《欢颜》的主题曲，歌和电影都是一个双赢的结果，但多年以后的街头还会听见那样的低吟。

不要问我从哪里来，我的故乡在远方，为什么流浪？流浪远方，流浪，为了天空飞翔的小鸟，为了山间轻流的小溪，为了宽阔的草原，流浪远方，流浪，还有，还有，为了梦中的橄榄树，橄榄树，不要问我从哪里来，我的故乡在远方……

母亲缪进兰回忆：三毛在家里写作，专心致志，像一个纸人。这也说明了三毛的孤僻，死后在母亲的记忆里最深刻的也只是那写作的背影。她很少和母亲说话，一旦开口，就要打听旧上海的情形，"什么上海的街呀、舞厅呀、跑马场呀、法租界英租界有多远呀、梅兰芳在哪里唱戏呀……都要不厌其详地问个不休"。

《滚滚红尘》就是那个年代的电影，描述了一个女子在爱情中的痴傻与深情。

那是三毛的第一个剧本，也是最后一个，留下了遗憾，遗憾的美。

那是三毛在病榻上构思的作品，故事的发展，情节的起落，一点一滴，不仅是韶华在爱情在社会中的挣扎，三毛亦是与病痛在斗争。疾病缠身的三毛，没有屈服过，病时痛得死去活来，过后，又是那个没有忧愁，快乐的女子。

三毛是一个果断的女子，那样忧郁的"韶华"从不会是她的写照，这在她后来的恋爱中都是可以证明的。

初恋舒凡，三毛爱得深情，爱得迷醉，爱得无法自拔。但当两人不能再继续，命运无法重叠，三毛毅然放弃了，离开去了美丽的西班牙，虽然她内心还很不舍，但坚强是给别人的，软弱从来都是给黑匣子里的自己。

荷西的爱，太过深沉，太过浓重，把一生的幸福的精华全部给了三毛，三毛弱小的身躯担不起这份沉重。

三毛还是一个奇女子，有些本来是美好的词语，用滥了，也就庸俗不堪了。

才子才女满街走是一个例子，银幕、荧幕上的奇女子频频出现也是一个例子。

没有什么词语可以描绘三毛的独特，天外一样的人物，来到这个凡尘历练。

"奇"的正面意思应是"特立独行"，按辞海的解释，即志行高洁，不肯随波逐流之谓也。

在世俗上，三毛永远都有自己的一套坚持，她欲脱离凡尘，却又被尘缘缠身。

三毛是一个随缘的人，既然生命没有被剥夺，那我们就要学会享受生命的滋味，无论是阳春白雪，还是青菜豆腐，都要自己去尝一尝的。

她的丈夫荷西是一个西班牙人，荷西对三毛一见钟情，苦苦追了她六年，两人才修得正果。相同只不过是都有颗柔软女人心罢了，都还没看够这俗世，念完这红尘。

佛说：留人间多少爱，迎浮世千重变，和有情人，做快乐事，别问是劫是缘。这是一个婆娑世界，婆娑即遗憾，没有遗憾，给你再多幸福也体会不到快乐。

新的故乡

隆隆的汽笛声，喑哑地嘶叫，从地狱轮回深处传出的昭示。平静的海面在地底深处波涛汹涌，就像三毛的人生，安宁的背后更大的波动在蛰伏，等待着一个时机，然后奋起。

坐船是极辛苦的，即使是不晕船，身体也不会太好受，三毛的母亲晕船吐得厉害，只得整日躺着，像是行将枯槁的人。三毛幼小的心里充满了恐惧，也是那样，才记下了"中兴轮"，那个船的名字。

初到台湾一切都是陌生的，父母是有些艰辛苦涩的，对于小孩子来讲却是新奇好玩的，台湾像一个万花筒，里面一切都是新奇的，可以让人眼花缭乱的。

三毛的父亲和伯父，把家安在台北建国北路一幢日本式房子里。在当时，那里还是一片荒僻的街区，拾荒人都少见。

当小三毛跟着哥哥姐姐们踏进日式房子，立刻对榻榻米产生了好奇。争先恐后地脱下鞋袜，奔到榻榻米上雀跃舞蹈，大呼小叫，为释放了脚丫高兴得发狂。孩子们心花怒放，光着脚，一阵乱叫："解放了！解放了！解放了！""真好！真好！"

那时的台湾，"解放"是一个很可怕的字眼。大人们听见，赶紧跑过来，把孩子们的狂热喝住了，成了一群小木桩。

在来台湾之前，家中的积蓄和金银首饰，都当了出去换了飞速贬值的金圆券给流掉了。当时只知道它们是一种可以换马头牌冰棒的东西。

初来乍到，律师事务所也是不能马上开的，加上伯父一家，八个孩子需要养活，经济十分拮据。这样的状况，一直到三毛念完小学，才有了改善。孩子们都是乐天派，怎么会知柴米油盐都是要钱的，所幸，家中怎样贫困，孩子们也是没被苛刻了的。

还不到六岁的年纪，学校是不收的，教子心切的缪进兰硬是把那颗父母心淋漓了尽透，硬是说动了老师同意三毛上学。

还没有享受完童年，还没有来得及缅怀下童年，三毛就背着书包稀里糊涂地进了学校——把无数人禁锢的地方，禁锢着身体，还禁锢灵魂。

从此由一个无知的孩童开始转变，会檄文，懂识字，知晓礼义廉耻，明白孰是孰非。有些事即使是对的也不会被认同，错的还会被人顶礼膜拜，这一刻，懂得了无奈，知道很多都是身不由己。

三毛六岁以前的童年生活，是在不断地变迁流离中度过的。从雾都重庆，再到当时的首府南京。随着内战的炮火一路辗转，途经上海，远渡台湾。三毛的童年，是中国历史大变革时代一群人的缩影，战火中的童年。

尽管是一个战争中漂泊的孩童，尽管屡次迁徙、颠沛流离，但是小三毛并不知多少愁苦滋味，她生长在一个中产知识分子家庭，饥馑冻馁之苦是没有的，衣食住行是从来不缺的。

与同时代的许多中国儿童相比，三毛是幸运太多的，更不用说张乐平笔下的那个流浪儿"三毛"了。

三毛之所以用了这么一个苦难的名字，可能内心是有些她也没发现的优越感吧，只是因为她的感情还在，还有精力、心情和同情来对待他人。她还有充足的感情，没有在流离战火中磨损掉，没有在生与死的选择中抛弃了其他一切的包袱。

三毛自己也说："我虽然是抗战末期出生的'战争儿童'，可是在我父母的呵护下，一向温饱过甚，从来不知物质的缺乏是什么滋味。"

即使在以后，一个人在流浪，也是没有流浪儿那种狼狈的，依然桀骜得像个铠甲勇士，顽强就是她最坚固的守护。

想要做一个恬静的女子，不轻言悲喜，穿长裙，留长头发，温柔浅笑，从容优雅，足矣。

三毛亦是一个美丽的女子，她的美不在于形，最美的是那一颗心，流淌着鲜艳的血，灌溉无情的沙漠，激情了整个人生。

可能是童年太过孤僻，让她选择了以后那样的路，那样一个敏感的孩子，她的无助与孤独也就要用命理这回事来稀释。

她相信一个人的血型会影响人的一生，一个人在出生的时候，个性已经被一些生理因素规定了。

对血型决定性格的说法也笃信不移，她宣称："至少在我身上，应验了很多事情。"

她的血型是B型。三毛认为B型血的人性格有弹性且开朗。1978年，她住在西班牙丹娜丽芙岛，一天在出门买菜的时候，意外地看到十一年未见的表姐夫，他乡遇故知，过剩地喜悦。

宴席散，终须别，等到送行的时候，三毛还哭得很凶，但船刚刚驶远，三毛就有说有笑，像刚才什么也没有发生过一样。三毛用血型来解释这一现象。

三毛说："我是个B型血的人，虽然常常晴天落大雨，可是雨过天晴亦是来得很快。"

三毛对血型颇有研究，她说：A型冷静，AB型双重性格，O型择善固执。她的丈夫荷西是O型，在西班牙对三毛一见钟情，苦苦追了她六年，这大概就是三毛所说的"择善固执"吧！

三毛还相信生辰星相术。她还说，往往同一星座人的个性，都有某种程度的相似。

她的星座是白羊座。她在一篇散文中这样告诫自己："你不要忘了，你这等白羊星座下出生的女子，就是掠夺成性的女子。"又一次，她说自己是白牡羊，将一切美德都想占有的"江洋大盗"。

她对世上流传的一些神秘游戏，崇拜得有些走火入魔。荷西死后，她爱玩台湾流行的"仙碟"一类的算命术。

三毛自称，她只要用一枚铜板，在桌面上擦几分钟，就可以和阴间的丈夫进行谈话。可能是真的，可能是思念过切，六年的追逐，二十年的相伴，早已深入彼此的灵魂，只有双双死亡才能消除这种交融。

1984年，她应邀参加台湾作家醉公子主持的"阴间之旅"活动，身体晃动，施以咒语，灵魂就可以步入阴曹地府，和死去的朋友交谈。这种活动醉公子搞了好几次，但是成功完成旅行的人极少。三毛说，她成功了，她见到了她的干爸徐讦。

她用一支笔，一张纸，口中念念有词，便能和阴间的人谈心。死人的话，她都记录在纸上。三毛曾经以这种方式，给人演示过和徐讦的一场谈话。

还有很多是关于三毛的"特殊功能"的说法。

那是在她大约五岁的时候，三毛陪同父亲去机场接一位朋友，朋友从日本来，多年的朋友如今相见言谈分外亲热。三毛就拉过父亲，偷偷地说：他家死人了！

一句童言无忌的话吓得父亲心悸起来，紧紧攥住了女儿的手，告诉她不要再乱说话。三毛也只是无可奈何地撇了撇嘴。

客人到了家后，落座间，面容悲切，言谈凄凄，问及才说，数月前儿子不幸夭折，说罢落泪，众人也跟着黯然落泪。陈嗣庆想起三毛的话，内心惊诧不已。

三毛长大之后，也不止一次地对人说起过她的"特异功能"。在她很小的时候，就能运用"心灵感应"，掐算过去，猜度未来。还举出好多真实的例子来。

她十三岁那年，预感到自己将来要嫁给一个西班牙人。后来她把这种感觉告诉母亲，母亲不以为然。然而，在多年以后，她真的成了西班牙人荷西的妻子。

她跟电话也有心灵感应，话机静静地在那旁放着，就突然感到有人要打电话来，急忙跑过去接，果然，电话响了起来。

三毛和香港作家倪匡、台湾武侠小说家古龙，是关系非常好的朋友。

有一天，三人约定，无论以后是谁先死，他的灵魂也一定要和活着的人联系。后来古龙先死了，很长的一段时间也没有和他俩联系。倪匡忍不住，就问三毛是怎么回事。三毛一本正经地解释："这个酒鬼，他一定又在阴间喝醉了。"

关于三毛"心灵感应"的种种传说，给她罩上不一样的神秘色彩。这些事件，恐怕有的是似是而非的。

譬如少女三毛的结婚预言，实际情况是，她当时正狂恋着西班牙画家毕加索，并梦想成为他的另一个女人，那是一个纯真少女的崇拜狂热。又如对古龙失约的解释，可能真的是古龙经常喝醉酒，爽过太多的约吧。

一种心理引导着，三毛真诚地相信她的特异功能，所以，也就总是把巧合或是因果的事情归功于此吧。一个人的心理引导着她的思想，也影响着活动，也就产生了潜意识的事情。

在无助的时候，在寂寞的时候，哪怕有一丝的安慰都是好的，无论是幻想的还是真的都是无所谓的，要的只是那种感觉，那种寄托。

三毛的见闻很多，经历了很多古怪的事情，尤其是后来，总是会出现幻觉。记忆的混乱，又被三毛叠加，重新排演。

三毛的意识是向往自由的，她渴望更大的天空，她想象着自己能飞翔，可以随着云彩飘荡。

那是一个遥远的理想国度，每个人心中都存在的一个梦，有的人在现实中实现了，有的人在梦中餍足了，有的人把这个梦丢弃了。

拾荒之趣

如果生命是一朵云，它的绚丽，它的光灿，它的变幻和飘游都是很自然的，只因为它是一朵云。

三毛就是这样，拥有一颗云之心，用她如云般的生命，舒展成随心所欲的形象，云展云舒，亦是那么淡然洒脱。

无论生命的感受，是甜蜜或是悲凄，她都无意矫饰，行间字里，处处是无声的歌吟，我们用心灵可以听见那种歌声，美如天籁。

被文明捆绑着的人，多惯于世俗的烦琐，迷失而不自知。

读三毛的作品，发现一个由生命所创造的世界，像开在荒漠里的繁花，她把生命高高举在尘俗之上，这是需要灵明的智慧和极大的勇气的。

三毛真正决定与文学相拥一生还是在她小学五年级时，因为那一刹那的光华，眼前繁花绽放。

当年三毛十一岁半，接受了《红楼梦》的启蒙。从此，她与文学结下了不解之缘。

事实上，《红楼梦》给予三毛的影响，不仅有文学上的，还有哲学上的。杂糅在那部伟大名著中的中国传统的佛道思想，对三毛世界观的塑造，起了极重要的作用。

只是在某段话、某个词前停住，呆愣了片刻，才继续读下去。

那时是不懂的，后来，长大了才明白，那是一种"动容"，感受不属于自己的情感。

书中自有颜如玉，书中自有黄金屋。

三毛喜欢看别人的故事，喜欢看着别人的经历，畅想自己的未来。一个蹒跚的小孩，牙牙学语，上学读书，长大成人，做自己喜欢的事，嫁自己喜欢的人，最后一起到老，两个老人互相扶持，带着笑容，一起走向最后的坟墓。

那时的高小课程是不难的，可是算数加重了，鸡兔同笼问题也出现了，老师十分紧张，生怕考试出现什么意外。老师都是这样紧张的，在某种考试或测试上，所以一再地要求三毛和她的同学们演算再演算，放学的时间自然也晚了。

而且那时的作业很多，可以利用的时间也就越来越少了，日复一日。三毛的看书时间被残忍地剥夺了并且是不容申诉的，被书挠得痒痒的心，始终不能安静下来，没有办法了，真的是中毒太深了，她开始在课堂上看小说。

三毛本来不喜欢在课堂上看小说的，可是被繁多的作业逼迫得没有办法了，要不就真的中毒走火入魔了。

奢华的大观园，如水的女子，如玉的男子，一颦一笑，一言一语，都是美的，东园的吵闹，西园的欢喜都是陌生的，也是好玩的，十几岁的孩子就像进入了一个万花筒，看到百花怒放，眼花缭乱，看到的一切都骚动着那颗年少好奇的心。

在小学五年级的时候，三毛意外地得到了一本《红楼梦》，也就是这本书影响了她的一生。她以前看书的时候完全就是囫囵吞枣、生吞活剥，只要有故事就继续读下去，懂或不懂就那样读完了。

《红楼梦》这本书，让三毛看得欲罢不能，在课上也偷偷地读，知道了这一章，不看下一回，就总是心痒痒的，干什么都没心思，脑海里还一直在回放经过的情景，还不停地想着如果是自己又会如何。

上课的时候，把书藏在裙子下面，老师转身写板书，她便掀起裙子读书，正读到第一百二十回《甄士隐详说太虚情 贾雨村归结红楼梦》。

"当我初念到宝玉失踪，贾政泊舟在客地，当时，天下着茫茫的大雪，贾政写家书，正想到宝玉，突然见到岸边雪地上一个披猩红大氅、光着头、赤着脚的人向他倒身大拜下去，贾政连忙站起来要回礼，再一看，那人双手合十，面上似悲似喜，不正是宝玉吗，这时候突然上来了一僧一道，挟着宝玉高歌而去'我所居兮，青埂之峰；我所游兮，鸿濛太空；谁与我逝兮，吾谁与从？渺渺茫茫兮，归彼大荒！'"

看完这一段，三毛神游太虚，不知今夕是何年了。抬起头来，愣愣地看着前面同学的背，明明什么内容都没有，却吸引力那么强，看着，看着，就看到了含玉而生的俊美少年，白茫茫的土地。那小小的一块布上，却延伸出那么广阔的空间。

心里的感触，已不是流泪和感动可以形容。忽然间有了一种顿悟，却又不明白悟的到底是什么。

苍茫的天地，一对父子隔着风雪遥拜，一个遁入空门，一个异域他乡，本是不可能相见，没来由地惊喜，却要永远分离，一个看破了尘缘，另一个还在人世间挣扎，天地万物，最终还是要归于尘土，撒下一片荒芜。

只是那样痴痴地坐着，老师在很远的地方叫着她的名字，缥缈的声音，好像来阵风就会消散，三毛没有回应。她的思绪已经飘远，老师居然也没有生气，上来摸摸三毛的前额，问："是不是不舒服？"

三毛默默地摇头，看着她，恍惚地对她一笑。刹那间，顿然领悟，那一刻的顿悟，一刹那的芳华，那就是"境界"。

求而不得，靠的是机缘，还有努力，顿悟是一种经历的积累，是思考的叠加，然后在最后一刻点明。

"文学的美，终其一生，将是我追求的目标了。"当年三毛十一岁半，接受了《红楼梦》的启蒙。从此，文学就真的在三毛的心里扎根了。

六年的小学教育终成为过去，许多同学唱歌痛哭，三毛却没有，她想，她终于自由了。

要升学参加联考的同学，在当时是集体报名的，老师将志愿单发给同学们，让每个人拿回家去仔细填写。

发到三毛的时候："我不用，因为我决定不再进中学了。"

老师几乎是惊怒起来，她说："你有希望考上，为什么气馁呢？"

三毛心想的哪里是信心的问题，她只是对这种无趣的教育，已经很是深深地厌烦了。

"叫你妈妈明天到学校来。"老师仍然将志愿单留在三毛的桌上，转身走了。留下了一个充满了无奈与挫败的三毛，愣了好一会儿，把志愿单胡乱地塞进书包里，就回家了。

那天老师意外地没有留什么太重的家庭作业，三毛早早地睡下了，仰躺在被子里，眼泪流出来，塞满了两个耳朵。还要努力地睡着。

三毛最终也没有请妈妈去学校，因为那天晚上，父亲母亲在灯下细细地读表，由父亲一笔一画地亲手填下了三毛的将来。

做小孩子，有时候是一件很悲哀的事，要怎么过自己的一生，大人们自然得问都不问就来为孩子作决定。大人们的这个决定，却需要小孩子来付诸行动。

小孩子只想长大，青年人恨不得赶快长胡子，中年人染头发，老年人最不肯记得年纪。

这种事不能说是谁对谁不对，大人们总是认为孩子的能力不足以承担决定未来，大人们总是告诉孩子，孩子们是多么弱小，只能依靠大人们的力量，孩子们就要在这样的暗示里接受这个事实。

大人们总是说：小孩子家家的，懂什么！

大人们有时也会说：都这么大了，怎么什么都不懂、都不会！

他们也是自私的，对孩子的爱包含着自己的自私，他们不会记得之所以这样，是他们给的选择，而选项也不是多项的，在特定的情况下，总有一种选择是错了的。

上中学前的那个暑假，对三毛来说是尤其漫长的。她一点儿也不去想发榜的事情，甚至已经忘了还有这回事。

对于无能为力的事，遗忘是最好的办法，不会时时记得，每刻的烦恼，明知不能解决，却还要费尽心思，去设立一些不可能会发生的命题。

为得到一本厚厚的《大戏考》欣喜若狂，没日没夜地看，那一阵眼睛没有看瞎，也真是奇迹。看完书并不算浪费时间，可怕的是，看过之后，要发呆好多天才能清醒过来。

对于凡事都不关心，那样的生活像极了隐士高人，遗憾的是，却没有高人的高能力。整日为伴的就是一些被人称为"闲书"的东西，那是一个跟生活脱了节的十一岁的小孩，没有什么童年的朋友，也实在忙得没有时间去玩。

那段日子，最最愉快的时光，就是搬个小椅子，远远地离开家人，在院中墙角的大树下，让书带着去另一个世界，它们真的有这种魔力。

三毛还有一个很奇怪的嗜好，那就是拾荒，三毛的家并不贫困，她也算得上是温室养的花朵了。偏就是喜欢拾荒，真是匪夷所思。她捡过很多奇奇怪怪的东西回家，不管是有用，还是废物得不能再废物了，三毛不管它们的用途，只是喜欢、合品位，就带回家去。

三毛自小走路就喜欢东张西望的，那样温顺的一个孩子，却做出了让人如此注目的事情。

在三毛的小学时代，最优秀的课就是作文和美术。全科老师是一个教学十分认真而又严厉的女人，她很少给下课，自己也不回办公室去，就坐在一群孩子中，午饭的时间都不舍得离开。她在驯服，让每一个孩子都做一只温顺的小羊。

上课是如此煎熬，也只是在国文课上，三毛才轻松一点儿。一天，在课堂上，国文老师布置作业，题目是小学老师们惯用的：写自己将来想成为一个什么样的人。

三毛的作文写得是很好的，几乎每一次老师都会拿来当范文，在全班同学面前朗诵，然后再嘉许一番。

这一次，才写完，老师就要三毛朗诵，换来的不是老师的夸奖，而是一个挂满粉笔灰的黑板擦。

三毛大声读道：

"我有一天长大了，希望做一个拾破烂的人，因为这种职业，不但可以呼吸新鲜的空气，同时又可以小街小巷地游走玩耍，一面工作，一面游戏，自由快乐得如同天上的飞鸟。更重要的是，人们常常不知不觉地将许多还可以利用的好东西当作垃圾丢掉，拾破烂的人最愉快的时刻就是将这些蒙尘的好东西再度发掘出来……"

三毛还没读完，老师就气得听不下去了，顺手拿起黑板擦，对三毛迎面劈来。老师怒气冲冲地说："如果将来拾破烂，还要到学校读书干什么？"

三毛愣愣地看着老师，她心中有种碎裂的痛感。那是她最真诚的梦想和渴望，在老师的眼里竟然一文不值。她满心期许得来的却是呵斥。她忽然间觉得这个世界并不似她曾想象的那般美好，她忽然有种迷惘感。

自然这篇作文是不成功的，老师命令三毛重写。三毛收回了这篇拾荒宣言，改了理想，要做一个医生，每一个字对三毛来说，都是如此沉重。最后老师满意地点头。三毛却重重地垂下了头。

如此擅长写作的三毛，在那时，丝毫没有想过成为一个作家，或者是一名画家。杜撰敷衍的时候，也是一个毫不相干的医生。她只是单纯地想做一个快乐而自由的孩子，做自己所喜欢的事情。

三毛的拾荒嗜好，没有因为老师的一黑板擦而被砸掉。她虽然是个胆小的女孩子，但心里竟是固执得可怕。自由是三毛的灵魂之火，凡是三毛认定了的事情，别人怎样说，如何干涉，她都不会改变。

这是三毛一生的雅趣，和荷西结婚之后，也还拉着荷西一起拾荒。

别人是慧眼识英雄，三毛专门练就了一双慧眼，在垃圾堆中寻宝贝，拾荒经验越来越多，三毛对宝贝也就更加精益求精。她从中体会到莫大的快乐和满足感。三毛的快乐从来无须他人认同，她不会活在他人眼风之中，所有的苦乐，她只要自己懂得就足够。

十三岁那年，三毛偏爱一切木制的东西，捡破烂也更喜欢拾那木头做的东西。

有一次，三毛发现家中女工坐的木头墩，是一件美丽绝伦的宝物。宝物蒙尘，完全像复活岛上那些人脸石像。于是三毛找来一块空心钻给女工，小心翼翼地把那木头墩抱回卧室，供了起来，弄得那女工很是莫名其妙。

还有一次，三毛走在街上，正好看见几个壮汉在那里大汗淋漓地锯树，最后他们把大树悠悠地抬走了，留下一个美丽的大树根。

三毛围绕着树根，打量了好几圈，越看越漂亮，最后决定把它拿回家。小小的女孩，把大大的树根一步一步地抱回了家。她宝贝似的把它安放在自己的房间里，一心一意地爱着它。

　　拾荒让三毛如此陶醉，妩媚的花园是三毛最爱的地方，虽然那在别人的眼里只是垃圾场。而在她的眼中，那却是一处美妙的藏宝地。不同的眼光，自然而然也会挖掘出不同常人的快乐。

　　再后来，三毛留学在外，虽然被放飞了自由，断了线的风筝可以自由地翱翔，却缺了那份安全感和少了一份依赖。拾荒是在快乐的时候做的，三毛那样忧伤、孤独，也就失去了收集宝物的美好心情。

　　1972年，三毛再赴西班牙，做了一名小学教师，工资不高，但却很是自由，一周只有几天的课。她抱着书，在学校中自由穿梭，享受着那片宁静的校园时光。

　　三毛是一只美丽的花蝴蝶，在这个城市翩翩起舞。有了充足的物质条件，精神就需要被滋养。

　　逐渐，三毛的拾荒梦又死灰复燃。"我同住的朋友丢掉的旧衣服、毛线，甚至杂志，我都收拢了，夜间谈天说地的时候，这些废物，在我的改装下，变成了布娃娃、围裙、比基尼游泳衣……"

　　拾荒梦不仅让三毛的心里得到了满足，它还为三毛的家做出了很大的贡献。

　　出入沙漠的一对小夫妻，贫穷得只是租了一个破漏的房子，但是后来被三毛打造成了美丽的艺术宫殿。

　　三毛家对面是一片大垃圾场，这种不幸的风景，却成了安拉对三毛的恩赐。三毛颇为庆幸，那美丽的"公园"，闲暇的时候，三毛总是要去逛好几趟的。

三毛像发现了阿拉伯人的宝库一般，在这座垃圾场里发掘出了许多的宝物。

一块腐烂的羊皮，捡回来煮煮洗洗，几天之后，变成了一个舒适的坐垫。几个玻璃瓶子，三毛洗洗，刷上了涂料，插上一束怒放的野地荆棘，强烈怒放的诗意。

最让三毛自豪的就是，她用废弃的轮胎改装成的圆椅垫，"我放上一卷录音带，德沃夏克的新世界交响曲充满了房间。我，走到轮胎做的圆椅垫旁，慢慢地坐下去，好似一个君王"。

丈夫荷西，是她的拾荒知己。三毛在垃圾场巡视，荷西就是一个最忠诚的小兵，紧紧地跟着三毛的眼睛。

荷西大学专业学的是机械，三毛带回原材料，他便加工成实用的产品。一双巧手，一双慧眼，打造温馨的家。

自行车上的旧零件，由他的手摆弄一番，就成了一串绝佳的项链。三毛从棺材店捡来一些木板，花了几个休息日，就做成了一张桌子。

都是无本万利的生意，荷西和三毛也是乐此不疲。

三毛爱拾荒，荷西却更爱三毛。结婚的礼物，荷西送的是一副完整的骆驼头骨。这对三毛来说，不亚于最华美的凤冠。在讨好妻子这一方面，荷西一直都做得很好。

陈嗣庆夫妇也投女儿所好。周末，到海边散心，这对老人弯着腰，在海滩上寻寻觅觅好几个钟头，为她捡来了两枚彩石。三毛看了很激动，把彩石取名为"痴心石"。一个极为浪漫的名字，因为那一颗浪漫而自由的心。

小小的彩石，藏着父母一生一世的爱，父母对于三毛，从来都是放纵大于约束的。

在加纳利群岛，三毛有一个最值得高兴的朋友，那就是瑞士人希伯尔，一名拾荒爱好者。

希伯尔原是一位小学教师，一次，他发现学生们可怜极了，一个个像被驯服的羔羊，在这个学校里被驱赶着走停。

希伯尔很难过，辞职了，然后专门拾荒，收入倒是也可以满足日常生活，不少于小学教师的薪水。

希伯尔的拾荒是专业的，而三毛这个虽从小出家的，本领还是要差了很多。

两人一起到岛上的垃圾场淘宝，三毛还在两眼迷茫的时候，他已经抬出了一面雕花木门送给三毛。

经济渐渐丰裕，三毛的拾荒也不只限于拾的了，买了一件别人眼里的廉价物，三毛还在沾沾自喜于淘到宝物了。

每一件拾荒物都有一个或悲或喜的故事，透过故事再看这美丽的艺术品，是三毛很喜欢做的事情。

1987年，三毛出版了一本书《我的宝贝》，详细介绍自己一部分收藏品，娓娓叙述了每个宝贝里藏着的故事，并附有精美照片。

书中介绍的藏品真是五花八门，有首饰，别针、项链、十字架、锁、手镯等；有日用品，五更灯、煲、茶壶、碗、盘子、酒袋等；有纺织品，衣裙、挂毯、刺绣、彩布……

这些都是三毛的珍藏，深厚的民族气息，印第安的风格，拿出来哪一件三毛都喜欢极了。当然，这其中有一件是三毛永远的最爱：一副骆驼头骨，荷西送的结婚礼物。

那代表着永恒的爱情，一方虽然已经不在人世，但他的情还在浓烈地燃烧。

父母送的痴心石，三毛小心翼翼地保存，亲情、爱情，那是她生活的全部。

三毛的这些宝贝，反映了三毛独特的审美，奇怪的癖好。拾荒与收藏，是三毛生命中一道亮丽的风景，她深深地爱着它。

三毛说："我深深地爱着它们。也许，这份爱来自美的欣赏，又也许，它们来自世界各地不同的国家，更可能，因为这一些与那一些我所谓的收藏，丰富了家居的悦目与舒适。"

三毛相信缘分，也极其信赖缘分，与每一件宝物的结缘，都是生命的支线，她爱着每一段尘缘。

三毛用读书来缓解孤独，用拾荒来忘记烦忧，她也会玩耍，也像大多数的女人胆小。她，懦懦的，让人怜惜。

那是个绿豆糕般的童年，把一麻袋绿豆做成过去，埋在砂糖里，面团圆圆，合成绵绵，小时候的感觉总是很甜。青色在蔓延，松涛游弋炊烟，有个女孩在翻诗篇。

于书中，万水千山走遍

青春吹起了长发，张扬着年华，肆起的梦，红色的心，蓝蓝的天空，白云的那端生命已开始。在那柳絮纷飞的季节，被迷住的眼，你的笑如此温柔。即使岁月已苍老，你还是一如年少。

世上的欢乐幸福，总结起来只有几种，而千行的眼泪，却有千种不同的疼痛，那打不开的泪结，只有交给时间去解。

三毛的读书生涯算是痛苦难挨的，最终也没有读完。在那里，大多时候是压抑的，无趣的学习，枯燥的气氛，体罚的教师。

在入学的时候，三毛已经认识很多字了。由于入学前有了阅读基础，入学后，拼拼注音，三毛就可以自己读书了。

她鲜少有不认识字的记忆，在小学里念念拼音，看看国语日报就能开始看故事了，当时她最大的快乐就是每个月《学友》和《东方少年》这两本杂志出来的时候，当时不懂的字就让姐姐教她，年少时就和书籍做了朋友。

小学的课本也实在简单，日子非常容易打发。新书一发下来三毛就拿回家让母亲包上书皮，第一天大声诵读一遍，第二天就不再新鲜了。

她甚至跑去和老师说："编书的人怎么不编深一些，把我们孩子当傻瓜吗？"为这句话还挨了老师的一顿骂呢！

《学友》和《东方少年》不够看，那时也只是一个月才出一版，书不够看，三毛就去翻大堂哥的书看。

在堂哥的书中，她发现了一些没听过的名字，鲁迅、巴金、老舍、周作人、郁达夫、冰心……

那时候，三毛才几岁，听过的作家反而是些《学友》上介绍的外国人。

读书的另一个空间被开启了，就这样她进入了星空，在里面转啊转，绕啊绕，摘过满天星，看过云和月，看过许多人也不曾见的风景，最后也没有出来。

有一日，大堂哥说："这些书禁了，不能看了，要烧掉。"

什么叫作禁了，三毛也不知道，就去问母亲，母亲也不知道应该怎样说。最后便说："有毒。"

当时吓了一大跳，看见哥哥们蹲在柚子树下烧书，还狠狠地吁了口气，这才放下心来。人在儿时，总是那么纯真得、傻得可爱，从来不相信这世上还有很多虚假，还有很多谎言，很多无奈。

许多年后，三毛还记得，当初读鲁迅的《风筝》的时候，那种感动。其他的有的也是不懂的，但是也看完了。三毛就这样进入了书中，出不来了，也想一直沉溺其中。那时候报刊不够看，一看就看完了，所以什么书她拿到手总是要"吞"下去。

那时候，家中还是比较拮据的。小孩子怎么会懂得，再说她痴迷到已经顾不得其他了，总是缠着母亲要零花钱，得到一角钱，也要迫不及待地去书店花掉，即使出来，小小的孩子也要舔舔嘴角，就像是吃了什么美味，意犹未尽。

后来，又过了不知多久，三毛住的地方有了公交，叫作朱厝仑的，通车的第一天，全家人还由大伯父领着去坐了一次车，拍了一张照片留念。

有了公交以后她所在的地方就热闹起来了，也有了那个三毛最爱的商店——建国书店。

那时候，三毛的大伯父及父亲千辛万苦带了一大家人迁来台湾，所有的金饰都去换了金圆券，大人也并没有马上开业做律师，那也不是简简单单就可以办成的。

两房八个孩子都要穿衣、吃饭、念书，有的还要生病。那时候家里的经济情况一定是相当困难的，只是做孩子的并不知晓而已。

一向听话的三毛，就成了一个不讲理的孩子，无休止地缠着母亲要零花钱，母亲偶尔会给她钱，她就去建国书店借书看，母亲不在的时候也会偷偷去翻她的针线盒、旧皮包、外套口袋，只要翻出一毛钱就去租书看！

在书店里，老板介绍给她看一些他本人认为很好的儿童书，如《森林中的小屋》《梅河岸上》《农夫的孩子》《银河之滨》《黄金时代》等。

慢慢地，看完了那些孩子的童年书，三毛又开始向其他书籍发起了"攻击"，迷上了大人的武侠世界，先是《红花侠》，后是《三剑客》。

三毛六年级，毕业考试最紧张的时候，忙里偷闲，又爱上了金庸，喜欢上了那个《射雕英雄传》，之后便迷了金庸一生。

无论后来写作有多么紧张，病得多么糟糕，金庸的新书她每卷必读，不肯放过，细细品味其中的侠胆与柔情、正义与邪恶。

大多的故事，都逃不开正义与邪恶对决的套子，金庸的小说也是，三毛就深处在那江湖之中，一个受迫害需要被解脱的人，期待最后世界的和谐与美满。

她是一个弱者，需要一个英雄来解救她。这也是她的自闭所造成的，对世界充满了不安与彷徨。

1983年，三毛写了一篇读金庸作品的随笔。父亲陈嗣庆看不懂，在饭桌上表示不满。一向孝顺的三毛竟也一反常态，与慈父顶撞起来，晚饭闹了个不欢而散。

因为那是她心底的秘密，写出来，却不被理解，就好像是一个自卑的女孩被否决了她的才能，温驯的猫也会炸毛的。

三毛爱金庸作品很深，其中人物个性，她能侃侃道来，如数家珍。她认为，金庸早期的作品苍苍凉凉，很有诗意，比后期作品更有文学魅力。

三毛读书是极广泛的，看完了中国武侠的射雕英雄，又去看外国的英勇骑士——《唐·吉诃德》，看完仁义看恩怨——《基督山恩仇记》，后来又看上了《飘》《简·爱》《虎魄》《傲慢与偏见》《呼啸山庄》《雷绮表姐》等。

这些还显得过于深奥的西方名著，一股脑儿闯进了她的世界，她在懵懂中开始接受西方文学。

一书一世界，一人一生活，三毛感受的岂止是三维空间，错乱的花絮，萦绕在脑中，造就了如此性格。

父母从来不阻止她看书，只是父亲担心她那种看法会对眼睛不好，看一本书就要钻进去，一直要看完才会出来。她把她的人生分成两个世界，一个充满了书，另一个充斥着人。

值得称奇的是，三毛是先看外国译本然后才看中国文学的，先感受的是异域风光，才来品味本土文化。她看的第一本中国长篇故事是《风萧萧》，作者徐訏，二十年后成了三毛的干爸。

三毛上小学的时候，才六岁，在班级中算是年龄很小的了。学习虽然不太费力，但单调枯燥的学校生活使整日与书为伍、从书中知晓世界的千奇百怪的三毛很是煎熬，感受不到同龄人的那种快乐。

三毛属于那种贪玩的女孩子，还很会玩，凡是她那个年纪玩的花样，她都乐此不疲。

含着一枚槐树叶，扁起嘴来，打一声长长的呼哨，唱着孩童的欢闹；用鹅毛管、破毛笔管，吹飞一个个五彩缤纷的肥皂泡，载着不能说的秘密；还有下五石子棋，跳粉笔画的房子，手帕一围唱布袋木偶戏……

有一回，她为了收集更多的橡皮筋、画片和玻璃糖纸等小玩意儿，还战战兢兢地偷过母亲的五元钱。惶惶不可终日的日子太受煎熬，熬不过第二天清晨，她又偷偷地送回了那张艳丽的红票子。那年，她三年级，九岁。

学校就是一个羊圈，一群温顺的小羊在里面接受驯养，按时饲喂。孩子们穿着清一色的学生制服，脑袋后颈一律被剃成西瓜皮发型，没有色彩，没有欢乐，那靛青似的童年。

到了高年级，考试竞争压得学生们喘不过气来，稍不留神，就要领教老师的鞭子和各种体罚，三毛惧怕。

在三毛的回忆里，当年台湾小学校里的体罚，就如同中世纪欧洲黑暗的教廷，老师就是那红衣主教，手拿皮鞭或手杖，准备随时赏赐那些卑微的犹太人。

三毛很多年后还记得，那个男孩，在老师的鞭打下，血肉模糊，无法站立，只好在全班的注视下，爬回座位。

三毛是一个乖顺胆小的女孩子，对那样的惩罚是在心里发怵的，所幸，没有挨过几回重打。

多年后，成了作家的三毛，痛彻地写下了小学生活的苦楚："一群几近半盲的瞎子，伸着手在幽暗中摸索，摸一些并不知名的东西。"

那时的教育和这时还是很不同的，文言文到白话文的转换，对于那些教育家是陌生的，也是未知因素，他们要最大的成效，就要拿起手中的鞭子，鞭打无辜角色的少男少女。

大鱼吃小鱼，小鱼吃虾米，虾米啃海藻，海藻影响水域。生物链是连接的，每一级都是受害者，可是底层那个是受害最大的，所以，其他人的损失就可以忽略过去了。

学校就像被困在浓浓的迷雾里，听不到海港的哨声，看不见叫卖的人群，它几乎剥夺了三毛的所有快乐。

三毛就只有在书中寻找她的共鸣，和书中的朋友对话，汲取温暖。柔弱的蜗牛，需要把它的身体寄居在壳里来保护自己，敏感的三毛，需要书的安慰来度过无趣的岁月。

学校虽然严肃、古板，但并不是真的中世纪教廷，还是有活泼的时候。

三毛最喜欢的，是每年十月中旬，"双十"节前，军队来校借住的时候。

很平常的早晨，却出了一件很荒唐的事，三毛虽相信命理，但也不记得自己做了什么天怒人怨的事情，竟然被一头疯牛追了很久。

可能是一场胆战心惊，换来一个最真诚善良的朋友吧，很值得。四年级那年的秋天，军队驻校的时候，三毛结识了一位大朋友——哑巴炊兵。哑巴不会说话，聪明的三毛懂他的哑语。

那天早晨，三毛像往常一样上学。她没有穿红衣服，也不是斗牛士，身上有的只是小女孩的青涩味道，不知怎的就吸引了它。

那头疯牛只盯着三毛，不伤别人，像认识她似的。三毛动，它就动。像是被一根线牵着，一方有动作总是会牵连着另一方的。

只是那头疯牛跑得太快，那根线越来越短，三毛魂飞魄散，撒丫子便跑。疯牛见状，也在后面狂追不舍。

三毛冲进了学校，一头钻进了教室。各个教室的孩子们都把门死死地顶住，疯牛在窗外左冲右突，很是疯狂，引牛入校的小三毛，大声喘气，惊魂未定，躲在角落里瑟瑟发抖。

偏偏祸不单行，那天正好是三毛值日。可怜的三毛被那个颐指气使的风纪股长指令出去打水。

小孩子不是善良，也不是邪恶的，做事情只是凭自己喜好，在那时候为了显示他的权力，竟然把弱小的三毛推了出去。

三毛是一个乖女孩，总是胆小的、懦懦的样子。也只能拿着水壶，战战兢兢地钻出门，硬着头皮往厨房走。

跟踪了目标的疯牛更加疯狂了，鲜红的眼睛，瞪得大大的，像要把整个人都吸进去。

三毛小心翼翼地提着水壶往回走的时候，完全被怒吼声吓垮了，放下水壶，像一只受伤的兔子，红着眼睛，软软懦懦的模样，小声地哭泣起来。

　　美女遇难，总是有英雄相救的，虽然三毛那个时候还只是一个小孩子，但也没能避免和哑巴士兵的相遇。

　　无关美丑，无关其他，像神一样的人，来把三毛拉离苦难。他提起了水壶，搀扶受惊的女孩子，把她送到了教室。

　　疯牛终于被出操回来的驻兵们赶跑了，三毛也和哑巴士兵成了朋友。

　　哑巴不识字，三毛便拿根树枝教他在地上写。有时候，三毛会把手工课的劳绩送给他，或者是一颗话梅。

　　哑巴会帮她提水，给三毛一个芭蕉叶做的垫子。放学了，温柔的夕阳铺洒了整个校园，哑巴带三毛玩跷跷板。哑巴不会说话，但他很爱笑，小三毛被高高地弹到半空中时，哑巴的脸上就会"哗"的一下开出好大一朵花来。

　　哑巴参军不是他的意愿，他以前只是四川乡下的一个农民，有一天，媳妇要生小孩了，他便来城里买药。谁知哑巴去了，再也没有回来过。

　　国民党到处在抓壮丁，哑巴就这样离开了家。一路担着东西，来到了台湾。

　　哑巴回不了四川，见不到老娘，也看不见媳妇，那个与三毛年龄相似的孩子一眼还未曾见到。善良的哑巴，把一腔父爱，倾注到三毛的身上，一大一小，友谊却很深厚。

每天清晨，哑巴都会在校门口呆呆地等着，直到看见三毛，就露出孩子似的笑容。

一天，哑巴招呼三毛过去，他很难过地告诉小三毛，再过几天，军队就要走了，而他也要离开了。说完，湿着眼睛，送给她一枚贵重的金戒指。

这一大一小的友谊，遭到了老师严厉的制止。在老师的威吓下，三毛被迫与哑巴疏远。三毛总是可以看见，哑巴偷偷地站在墙角，向教室哀哀地张望，但懦弱胆小的三毛只是强硬地转过头，当作无动于衷。

驻军要走，军人们站着整齐的队列，准备开拔，这一别就可能是永远了。三毛再也忍不住，冲出教室和他道别，哑巴送给了三毛两样东西，一包牛肉干，一张地址。哑巴笑笑转身走了，很朴实、很纯净的笑容。

三毛没有给他写过信，因为他不知道，在他转身的时候，肉干被老师扔去喂狗了，而地址也被没收了。

虽然以后再也没有见过，但他仍是三毛一辈子的朋友，成名之后的三毛，写了一篇散文《炊兵》。在文中她写道："那是今生第一次负人的开始，而这件伤心的事情，积压在内心一生，每每想起，总是难以释然，深责自己当时的懦弱，而且悲不自禁。"

哑巴不识字，可能他永远也看不到这篇文章。三十多年过去，物是人非，谁知道又在或不在了呢？

年少的三毛错过了这个朋友，留下了终生的遗憾，为了得到总是需要付出，懦弱的三毛渴望朋友，但是却没有足够的勇气。

有的人错过了，便是永别，有的事，过去了，就再没有重来的机会。

第二章

豆蔻年华，倔强蔷薇

逃学之殇

春去秋来，跳动的音符，流转的光阴，一曲终要末，等待下一首的继续。青涩的少女，青色的蔓延，披散的头发也换成了麻花辫。

一直跟着小说转的三毛升入了初中，即将开始人生另一样的生活，即使没有顺利地完结。

十二岁的三毛意外地考入了台北最好的女子中学，那时看书的嗜好意外地停了下来。

那是三毛初次坐公共汽车进城上学，看着陌生的环境，看着周围陌生的一张张脸，不再像小学一般亲切熟悉，她心中生出一种陌生的孤单。

新环境的惊愕，使三毛除了努力做乖孩子，不被旁人比下来之外，竟顾不了自己心怀的意念和兴趣。

三毛虽然是三毛，可那时她还是一个叫陈平的小女孩，有对陌生的恐惧，也有对未知的向往。在进退的复杂情绪间，她在一步步小心翼翼地前行。

小孩子对什么都是充满好奇的，三毛更是如此，尤其是学校安排的课程听上去是那么有趣，美术、音乐、英文、历史、国文、博物……每一科的后面都有着大量的故事去欣赏，好玩的事情去做。

数学，更不应该是单调的，一步步地去演示推算，像侦探一样，去发现最后的谜底。那是个和小说一样的精彩世界。丰富的知识使三毛又重新欢悦起来，也渐渐地冲淡了她心中的陌生之感。

三毛说："我是这么渴求新的知识，我多么想知道一朵花为什么会开，一个艺术家，为什么会为了爱画、爱音乐甘愿终生潦倒，也多么想明白，那些横写的英文字，到底在向我说些什么秘密……"

只可惜，三毛的老师们，从来没有说过这些三毛渴羡的故事。他们一点点研磨了三毛对初中的美好期望。

美术，就是给个蜡做的苹果，要求画得一模一样；历史则是不断地背诵，那些故事被压缩成最精短的语言，不容你去思考，只要你严格地接受，像一部机器般准确地记录；音乐就是唱歌，没有额外的音符跳动，死板板地只是声音的颤动，而看不到任何灵魂的舞蹈。

三毛酷爱美术，而且，也认为自己是极有天分的。但是美术课上那种画静物，要求模仿画，她是怎样都画不像的。此时的三毛已经开始对眼前的世界有了自己独特的认知，她断然受不了这样的禁锢。三毛觉得她的灵感被束缚了，天马行空的想象没有机会发挥出来，她觉得自己是怀才不遇的。

文学和美术，三毛渴望而不可得，在这个学校，她曾经深深期许的，却什么都得不到，她的心中逐渐产生了厌恶感。

一切都单调得跟着设定的顺序走，甚至不能偏出轨道。程序外面的，运行到最后，也是要回归。这样按部就班地学习和生活，让三毛觉得毫无意义，自然是无趣的。

数学老师与三毛的仇恨也日益加深。三毛想，如果老师是一个武林高手的话，她估计被她的眼神飞镖射成刺猬了。如此一来，渐渐形成了恶性循环，三毛的数学成绩越来越差，师生之间彼此的厌恶感也就越来越深。

暑假又来了，三毛欢欣地丢下书包，重新进入了那个魔幻天堂，迫不及待地往租书店跑，那时已搬到长春路去居住。

那儿也有租书店，只是那家店，不及建国书店高贵，里面好书坏书夹杂着，像是金杏枝的东西，三毛从没去拿过。

也是在那个夏天，父亲晒大樟木箱，在一大堆旧衣服的下面，三毛发现了尘封了许多年的宝藏，父母都忘记了的。

那是一套又一套的中国通俗小说。对于三毛来说，那些都是闪光的宝物。她贪婪地注视着这些书。

泛黄的、优美细腻的薄洋纸，用白棉线装订着，每本书前几页有毛笔画出的书中人物，简单地勾勒出原形，但是很传神，封面正左方窄窄长长的一条白纸红框，写着这样端正秀美的毛笔字——《水浒传》《儒林外史》《今古奇观》……

三毛第一次发觉一本书外在形式的美。它们真是一件件艺术品。让人爱不释手，想一直在手里把玩，把它们的优点一一发现。

发现了父亲箱底那一大堆旧小说之后，三毛内心挣扎得很厉害，当时为了怕书店里的旧俄作家的小说被别人借走，三毛在暑假开始时，便倾尽了零用钱，将它们大部分租了下来。

那时手边有《复活》《罪与罚》《死魂灵》《战争与和平》《卡拉马佐夫兄弟们》，还有《狂人日记》与《安娜·卡列尼娜》……这些都是限时要归还的。

现在又有了中国小说。一个十二岁的中国人，竟然还没有看过《水浒传》，三毛觉得羞愧交加，更是对它心念如焦，着急得很。

父亲一再地申诫："再看下去要成瞎子了，书拿得远一点儿，不要把头埋进去呀！"

那一个夏天，三毛做了一只将头埋在书里的鸵鸟，如果问她当时快不快乐，她无法回答。因为说不出来，早已失去了自我，与书融为了一体，只记得书中的悲喜，怎还知道自己的冷暖。

初一，三毛读了《水浒传》，这部书对三毛的文学风格影响很大。她的成名作品集《撒哈拉的故事》中生动活泼的白描手法，受《水浒传》的影响十分明显。

三毛在沙漠里的第一篇作品《沙漠中的饭店》，提到她"在一旁看那第一千遍的《水浒传》"。书中的很多细节，三毛都记得清清楚楚。

有一次，三毛与丈夫荷西去葡萄牙的旅游胜地马德拉游览。挺拔的杨树在风雨中摇摆，在岁月中守候，扶疏枝叶，向人展示那茂盛的生命力，最绿的液滴就是生命的源泉。

只是一棵杨树，三毛便想到了黑旋风李逵："李逵江边钓鱼，引得浪里白条张顺出场的第一章里，就提到过杨树。"

三毛真诚地认定，一个中国作家在起步的时候，《红楼梦》和《水浒传》是两部最好的教科书。她的一生，都深受其影响。

1982年，三毛到台湾文化学院教中文，便自作主张，开了这两部书的专题课程，三毛永远知道她想做什么、要做什么。

在三毛的文学作品中，"红楼"魂魄和"水浒"笔法是交相辉映、水乳交融的，一种繁华，一种简单；一个悲壮，一个苍凉。

初二那年，连上学、放学时挤在公共汽车上，三毛都是抱住了司机身后的那根柱子，看那被国文老师骂为"闲书"的东西。可是这却并不能够阻止三毛继续看下去，她的热情依旧，她深深地沉醉在那些动人心弦的故事里。

那时候，三毛在大伯父的书架上找到了《孽海花》《六祖坛经》《阅微草堂笔记》，还有《人间词话》，也看租来的芥川龙之介的短篇，总而言之，有书便是好看，生吞活剥，杂得一塌糊涂。

对文学的嗜好，让三毛在中学时代就严重偏科。她对属于文科的国文、地理、英文很拿手，数学之类的就很糟糕了。这是许多文科学生的通病，就仿佛是上天安排好的一样。

大量地看小说，自然剩下来学习的时间也就不多了。初一的那一年三毛的成绩也只是差强人意，算不上好，但是也不用留级。

初二就不是那么幸运了，第一次月考，就挂了四科。三毛觉得成绩下来的时候，天空就阴沉了下来，周围的目光都是带着讥笑的，尤其是父亲欲言又止的样子。这让三毛很心痛，看着父亲的目光，她觉得愧疚。

小小的年纪也是知道羞耻的，三毛决定要为自己挽回这一切。从此，她与每一位老师配合，老师说什么听什么，讲什么就背什么，种下的种子，收获了丰硕的果实，三毛得了几次满分，心花怒放，也是骄傲自喜的。

这样的转变突然得像一阵暴风雨之后又是晴空万里，但也不是像天气现象那样容易用自然科学解释，让人相信的。老师用怀疑的眼神不断地扫视着三毛，期望从中找出丝毫的破绽，好重得作为教师的优越感。

终于在三毛又一次的满分后，老师的好奇与惊愕爆棚了，决定向这个女孩来一场突袭。课间休息突然把三毛叫进了办公室，从桌子的抽屉里拿出一套准备好的试卷，甩在桌子上，笑眯眯地告诉三毛在10分钟内做完，三毛觉得那一刻的老师不像个老师，像是一个狡诈的土匪，在笑眯眯地打劫。

一个简单的测试，让这个邪恶的教师弄得复杂无比，三毛理所当然地一个都不会，因为那都是初三年级的题，对三毛这样不够聪明的理解、努力地去背的学生来讲，简直就是强人所难。

最后结果可想而知，三毛得了个大大的鸭蛋，老师露出了意料之中的笑容，带着自以为是的胜利，让人说不出的厌恶。三毛感觉到发自内心的恶心。

在全班同学的面前，这位数学老师拿着蘸得饱饱墨汁的毛笔，叫三毛立正，站在她画在地上的粉笔圈里，笑吟吟恶毒无比地说："你爱吃鸭蛋，老师给你两个大鸭蛋。"

在三毛的脸上，她用墨汁在三毛眼眶四周涂了两个大圆饼，因为墨汁太多了，它们流下来，顺着三毛紧紧抿住的嘴唇，渗到嘴巴里去，苦得想吐。墨汁不仅仅是画在了三毛的脸上，也印在了三毛的心上，成了她一生都抹不去的苦涩的印子。

"现在，转过去给全班同学看看。"数学老师仍是笑吟吟地说。

全班同学都笑了，只有一个同学没笑，低下头，好像哭了一样。老师固然是个不配的老师，但在老师名分的保护下，还是可以侮辱每个学生，她看不顺眼的，或看她不顺眼的。

画完了大花脸，老师意犹未尽，伸出赤红的舌头舔了下下唇，指着外面，叫三毛去大楼的走廊上走一圈。老师一次次地刺伤了三毛的尊严，又将她受伤的尊严血淋淋地示众。这是一种灵魂的极刑。而那原本是老师的罪。

三毛迈出的每一步都僵硬得不是自己的腿，廊上的同学先是惊叫，而后指着三毛大笑特笑，三毛，在一刹那间，成了名人。

一个无助的小孩，被压迫着，做自己恐惧所不愿意的事情，而无可奈何，那是源自心底的绝望，虽然说那个孩子还不是很大，却在心里画上了无法擦掉的黑影，白天黑夜盘旋在心底。

三毛不敢违背老师的命令，那个小孩对老师是惊吓般地恐惧。一步步走回了教室，后来还是有个好心的同学，拉着三毛去洗脸，只是不断地捧起水往脸上泼，大脑都是静止工作的，只是重复地冲脸。

走回教室，三毛一句话都没有留，在这个仇人的面前不应该表现出懦弱，因为她是仇人，三毛咬牙切齿想杀的人。

那是场刻骨铭心的羞辱，那个邪恶的教师把一颗少女的心，彻底地粉碎。成了她醒不来的噩梦。三毛有过想杀死她的心，后来每再提起那个教师时，三毛都会有些许的失控，如果可以，她会真的想变成夜叉取了她的命的。

受到了巨大侮辱的三毛，没有将这件事情告诉家里人，还是照常去上课，只是会在靠近教室的时候不自觉地止步，看见那个老师就会颤抖。

晚上，她躺在床上，拼命地流泪，在黑暗中默默地洗刷心头的屈辱。天亮了，却还要装作什么事也没发生，照例穿衣、铺床、刷牙、吃饭、道再见，坐公共汽车去学校，硬着头皮，在讥笑的目光里走进教室。她，沉默着，忍住泪水。

坚持到了第三天，发生的事情证明，眼泪也许可以缓解痛苦，但并不会消除那种隐痛，一直的压抑，爆发出来就不只是疼了，那是一种窒息，被扼住了喉咙，无法呼吸。

在那个受辱的地方，三毛的心理防线终于因为过于绷紧而断了，三毛晕倒了，在那个受辱的教室。

上学也并没有因此而停止，但是三毛的心理障碍越来越严重，生活中总是恍惚，一件无关的小事都可以让三毛联想到晕倒的地步。

三毛还是默默地忍受着，她是一个内向、懦弱，也有自己心理底线的女孩，她没有把这件事告诉父母。但是，为了逃避，她学会了逃学。

家是不能回的，茫茫人海，去哪里寻找一个栖身之地呢？三毛是不会像那些孩子一样去混太保、太妹的，那不是那个女孩的乐趣，而且她也没有愤世嫉俗到毁了别人，毁了自己。

青春充满活力，热情需要绽放，年轻的肢体，充斥着渴望，渴望阳光，渴望太阳，渴望自由。

那一抹纤弱的身影，似一缕孤魂，飘荡在人世间，在墓地徘徊，与那些隐身了的朋友互相为伴，虽然是沉默的。但是沉积的静谧，空气的一缕波动，都是一个生命的呼吸，只是存在的方式不同而已。

台北的六张犁公墓、陈济棠先生墓园、阳明山公墓，还有一些没有名字的墓园，都留下了她孤独悲苦的身影。

三毛童年时，生性孤僻，爱到荒坟边玩泥巴。十年后，依然是那个柔弱的少女，又到了寂静的墓园里汲取慰藉，寻找没见过面但存在已久的朋友。

有一种人，永远都不必担心、防备，那就是死人，他们是最温柔的，也是最好的倾听者。

这里有最好的条件，三毛可以静静地读书，读书是孤独少女内心最大的慰藉。

三毛读的书，种类很多，很博杂，有历史，还有科普。

也是在那时，三毛买下了生平第一本自己出钱买的书，上下两册，叫作《人间的条件》。在那个安静的地方安静地阅读。

也差不多是同一时期，三毛又买了《九国革命史》和《一千零一个为什么》。

三毛也酷爱外国名著，尤其崇拜俄国作家托尔斯泰、屠格涅夫、果戈理、陀思妥耶夫斯基……

这些巨人们写的书，写出了人性的光辉，高度从来不是升上去的，而是一点一滴累加的。合抱之木，生于毫末；千里之行，始于足下。

这一段逃学时期，三毛读书最大的收获便是走上了文学的旅途。那段时光虽然苦楚，却是格外寂静。她更有大把光阴可以看书，品味另一个世界，一个真正纯粹的世界。

《红楼梦》的那一段，意境凄美，又透漏出无限的禅机，对于十一岁的孩子来说，三毛未把它当作故事来读，而是当作文学作品来赏，小小年纪，文学才能就已初露头角。

《红楼梦》的内容很是深奥，即使一些热爱文学的成年人，也未必能领略个中滋味。三毛有相当高的文学天分。

逃学不仅是一个力气活，还需要费脑筋。为了不让人发觉，三毛的逃学办法是，每旷课两三天，便去学校坐一天，让老师看见她，然后再失踪三五天。

那个时候联系哪有如今这样简单，只要一个电话，就可以知道对方的所有状态，没有永远的秘密，就像是没有一点儿都不透风的墙。

终于有一天，一封学校的公函，结束了三毛的逃学生涯。

逃学的事虽然不对，但是它有前因后果，如果连父母都不了解，要动手打人的话，三毛想，那她就不如不要活了吧。没有任何人理解，她便不必同他人交流太多了，只管扎在自己的世界里。

休学了一年，没有人多说什么，父母也只是偶尔看着三毛叹气，最后又默默地离开，留下那个在角落一点一点舔舐伤口的女孩。留她一个人在孤独和苦涩中成长。

在第二年，父母还是没有放弃让三毛继续接受学校教育的打算，鼓励女儿拿出勇气，正视现实。他们再次为女儿注册，送她上女一中。

然而，事实总是与最初的美好愿望相反。几天之后，三毛又开始逃学。她那时候的胆子大了，不再去墓园，而是到一个更好的去处——台北省立图书馆，把自己彻底沉浸在书的世界里。看得常常放学时间已过，都忘了回家。沉浸在书中的时候，三毛是快乐的，她会彻底地忘记自己，忘记时光，忘记整个世界，完全沉浸在另外一个灵魂的世界里。而当她从书中的世界抽身而出的时候，她总是会有种淡淡的失落之感，渴望着下一次奔赴书中。

继续上学是不可能的了。陈嗣庆夫妇终于丢掉了幻想。他们到学校办了手续，让女儿休学在家。

这一休，整整休了七年时光。

可悲的是还没有熬到扬帆清晓的年纪，就已经告别了青青校园，独自埋在芳草萋萋的庭院，日昼晨昏，无限叹伤。

一直休养那颗受伤的心，安静的墓地，密封的房间，孤独的自己，一直都在做一个梦。梦里深埋着恐惧。

那一个梦魇一直做了好多年，挣扎破的伤口，结了疤，还是会偶尔过敏似的犯着疼痛。提醒自己，提醒未来。

在恐惧之中，又生长出了深深的渴望。梦里有自由，有快乐，梦里，她的身体和灵魂，都在奔赴一次充满意义的旅行。

挣扎的ECHO

套子里的人，被自己的原则给束缚，女孩子三毛，被那场屈辱所打击，她说："我把自己关在一个小房间里。"

时间是永恒的，因为发生的就是发生了，记忆中永远存在着，但人却是会变的，不要让时间把我们套住，不要继续和过去温存，未来会温柔地开导，让我们漠视那一段过往。

三毛在她十三岁，初二的那一年，因为那一场羞辱，产生了严重的心理障碍，患上了自闭症。她把自己完全封闭起来，不再受尘世风雨，不再受生命苦难，也同样拒绝了世界的快乐。

三毛关上了心灵的窗户，把自己囚禁在卧室里，一个黑色的大匣子里。正处在花季的少女，还没来得及开放就已趋近枯萎，那美好年华，还没来得及享受就已走向黑暗。

三毛执意要求父亲，在卧室窗户外面加上铁栏，门加锁。因为只有这样，她才会觉得心安。父亲当然是照做，三毛高兴的时候把它们打开，刺眼的喜悦；不高兴了就把它们统统锁起来，沉淀得发霉。这些时候，三毛觉得自己的世界自己可以掌控。

那间卧室本来是和姐姐陈田心合住的，姐姐为了自己的梦想，上了音乐师范，住进学校。从此，小小的卧室，便成了三毛的全部世界。

最开始的时候，三毛还会和家人同桌吃饭。但吃饭的时候，姐姐弟弟们说话，自然是离不了学校，学校的人，学校的事。三毛就像一只炸了毛的兔子，只要一听到有关学校这样的字眼，总是会红眼。她的心，还是会忍不住地颤抖。

慢慢地，三毛便不再踏出卧室了，即使是吃饭，千呼万唤也不出来，母亲没有办法，只好把饭菜放到托盘上，送到门口，三毛去拿。三毛把自己的身心都囚禁起来。装在了一个只有自己的、孤独的世界里。

一个人静静地生活，一个人吃饭，和自己聊天，咀嚼的都是自己的声音，三毛觉得这样安全多了，她终于可以安心地休息了。

她不安的时候会把自己锁在壳子里，但她只是一个孩子，还是渴望有一些活动，有自己的游戏，感受快乐。

焦躁却安静的午后，院内无人，蝉寂寥地叫着。这个时候，三毛无声地走出来，看不出刻意，但是真实得、安静得仿佛不存在。

在院子里一圈又一圈，旱冰鞋摩擦的声音，有些刺耳的尖叫，没人理会，因为仅有的一个人，一直在滑动，一圈一圈的，与自己的影子追逐，寂寞而无奈，她的青春逐渐被恐惧榨干，只剩下一种寂静的哀伤。

诡异的安静，却也奇特地安心，转不出自己的圈子的少女，把一切的苦难，都锁在那里，自己走不出来，别人也碰不到。

夜晚，是独行者的天堂，因为他们有了防护，那是夜色特意为那些孤独的人制作的。他们不适合生活在阳光下，让那夜色温柔地照拂他们。

也只有在天擦黑的时候，三毛才会走出那个院子，去试探外面的世界，在模糊的天光下，把自己放逐。

一个初生的小兽，看着陌生的外界，伸出爪子，一点点地试探，找到令自己心安的触觉，但是轻微的风吹草动，就会吓得赶紧缩回去，然后在偶尔的试探下，最后确认自己可以适应后，才会出来肆无忌惮。

当时，三毛家院子前有一条路，名字叫长春路，那是一条僻静的荒路，路上青草漫漫，横七竖八地堆着些又粗又长的水泥筒子。

在冰冷的大泥筒里，钻进钻出，三毛喜欢这样，享受一个人游戏的快乐，她觉得很安全。

昏黄的灯光，散发出来，影子被粉碎得斑驳，孤独的路有孤独的路灯陪，三毛感受着它们相互慰藉的温馨。

秋天的时候，雾会沉沉地落下来。三毛渴望漫天大雾，她在迷离的雾里，看见路灯的黄光，浓得化不开，看不到自己的未来、过去，可以被遮盖的……

暗淡的日子里，自闭的三毛有些叛逆。叛逆往往先从细节发展，承受的也是身边最亲近的人。

三毛反抗的第一个对象，就是她的父母。违抗、顶撞，用最直接的方式伤害了最亲的人，以此来证明自身的价值。

对孩子最宽容的就是父母，他们对自己的孩子也永远是无私的。陈嗣庆夫妇，用学识、韧性、宽容和理解，征服了这个脆弱又刚强的女儿。

三毛是一个苦囚，被自己的心囚禁，她囚禁自己，并从囚禁的死寂中汲取安慰。

十三岁到二十岁，是一个女人一生中最美丽的时间，美若春花，嫩如娇蕾。如诗的青春，似花的年华，它可以放肆地妖娆，可以尽情地展现，没人会说什么，因为这就是这个年龄段的特权。

而三毛没有享受这种特权，尽管她的感情丰富，虽然她热爱青春似诗的语言，也许她还对浪漫热烈地追求。

事实是残酷的，也没有那么多的也许如果，七年的时光，三毛脱却了红尘，过着庙庵样的生活。

不看红尘，不看人生，不看自己，把一切都放弃，过着今天，过了明天，每一天都只是单独的一天。

今天过去还有明天，明天过去是未来的每一天，时间在永恒地重复，痛苦却在加剧地累积。

终于在一个深夜里，三毛拨通了生命线电话。对着冰冷的话筒，她急切地呼喊，一遍又一遍地重复："活不下去了，救我、救我、救我啊！"

生命线耐心地劝解，三毛感到那些劝慰是那么微弱，弱到被自己心灵的呐喊彻底淹没。就像一个小石子扔进大海，连波纹都是稍纵即逝的，她的痛已深沉得昏暗。

没有人，绝没有人能够拯救她，她坠入了一个无边的、闷热的、黑暗的深渊里，怎么也挣扎不出来……

在一个台风呼啸的夜晚，漫天的废屑，它们在风圈里挣扎轮回，三毛在自己的痛苦里，反复徘徊。

风停止，肆虐后的一切安静得死寂，只听得见滴答、滴答、滴答……

被断然割破了左手腕，垂死般地悬挂，鲜艳的红色从动脉中争涌而出。死亡，那是她能够想得到的解脱。

幸好陈嗣庆夫妇及时发现，慌忙把女儿送往医院抢救。以前，三毛在痛苦里，挣扎；现在，三毛在生死线上，往复。

夜色漆黑，怒吼的狂风无情地摧毁着树木。一个多么苦难的夜晚！

终于在手上缝了二十八针后，三毛被抢救过来了。醒来后，看见父母不断喃喃地感谢，看见那哀愁的神色，甚至还发现了几丝白发。

她第一次发现了，她对父母来说是多么重要。一向坚强、淡定的父母，此刻，凌乱着，无比孱弱。经历了生死，她忽然有些变了。她忽然间懂了些什么。

她想，无论如何再也不能放弃生命，因为这不是她一个人的，一个人的生命不只是一个人在生活。

苏醒后的三毛虽然知道了生命的重要性，但困扰仍然在纠缠她，三毛无法摆脱。

在邻居、亲戚朋友甚至是在父母兄弟姐妹的眼里，三毛是一个问题孩子，是羊圈里的一只黑羊。

在温驯的外表下，有着一颗顽劣的心。这种不光彩的名声，不仅使三毛无地自容，她的父母也脸上无光。

虽然如此，但陈嗣庆夫妇并没有责备，有足够涵养的知识分子，是不会用棍棒来教育孩子的。

他们懂得方法，也不缺乏耐心和恒心，甚至没有更多的责备，只是小心翼翼地开导，陪着三毛去医院。

那一阵子，三毛看了很多的心理医生，和他们讲自己的故事，谈心里的话，而且药也没少吃，但三毛的心里仍然逃不开自卑和恐惧的死结。

对这个世界，依然是避讳的，是空间之外的。三毛也相信，自己就是一个坏孩子，一头黑羊。

巨大的自卑压倒了三毛，她的思维变得停滞，头脑也开始混乱，心理医生测量智商，三毛只得了60分，分数接近于低能儿。

三毛开始焦躁、彷徨，甚至产生了严重的逆反心理。她经常跟父母顶撞，不管是什么原因，也不想父母会怎样伤心。

暴躁的小兽，需要发泄途径，也开始变得疯狂，总会无缘无故地与弟弟们打架，好像豁出了命，甚至用钢梳子打得一位堂弟满脸血珠。

三毛觉得自己处在一个被结界的森林，没有交流，也无法交流，自己一个人在森林中游荡，哀泣着，呜咽着。

她觉得她已不再是她，是EHCO，ECHO是希腊神话里一位山林女神的名字。ECHO容貌美丽，遭到天后妒忌，被贬到下界。

一天，EHCO在森林里偶然遇到了美男子纳雪瑟斯，一见钟情。

但是，天后惩罚EHCO，夺走她表白爱情的能力。

ECHO不能正常说话，只能重复对方说话的最后三个字。

ECHO怀着悲伤的爱情，跟在美男子的身后。纳雪瑟斯发觉了，便问身后的姑娘："谁在这里？""在这里。"ECHO回答。

美男子又说："不要这样，我宁死也不愿让你占有我。"

"占有我。"ECHO答道。

纳雪瑟斯听了，认定眼前这位女子，是轻薄的姑娘。于是，满脸不屑而去。

ECHO难过极了，怀着忧伤的愁绪踌躇着。

一切悲伤的事情发展中总是要来个高潮，或是决定圆满的结局，或是美丽的遗憾。

天界的主宰者天帝明白了一切。他决定惩罚纳雪瑟斯。正好有一天，纳雪瑟斯到湖边去，从湖水里看见自己的美貌，欣赏不已，恋恋不肯离去。

天帝见此，便把他变成了一株水仙。ECHO不能忘记爱情，她成了一位深爱水仙的女神。

有才华的人，总是有些自恋的，喜欢独特的自我表达，喜欢温文尔雅的律诗婉辞。

ECHO的意译是"回声"。三毛以ECHO为名，表白了一个少女满腹的哀愁和水仙自恋的心态。

三毛在这种自卑、悲苦的畸形心态下，度过了少女到女人的转变，度过了一个少女黄金般的年华。这七年，是一个人性格形成的重要时期。七年的自闭生活，犹如一片沉重的黑翳，在三毛的心头，久久挥之不去。

如果人人都是一出折子戏，在剧情中释放自己的悲喜，多彩的面具，是否也会有人去留恋和珍惜。

如果人人都是一出折子戏，把最璀璨的部分留在别人生命里，脂粉的艳丽，演绎着动情。

书海扬帆

生命在时光的两岸里徘徊，在岁月的长河里泅行；往事在隔世的旅途中奔波，在梦里的荷塘间荡漾。

一件事的脚步停止，另一件事就会接踵而来，三毛上学的停止，并不代表教育的结束。而且，这是她另一种生命的开始。命运注定绚烂，花开灿烂前亦是必定要遭受凄风苦雨的洗礼。

抛开了学校那些繁杂无聊的课程，三毛在家可以说是如鱼得水的，选择权到了她的手里，在知识上，三毛得到了更好的滋养。也许三毛这样一个人，是注定与那刻板的教育不可融合的。

在休学的时候，三毛的姐姐高中联考考上了二女中，那算是不错的了。

可是三毛的姐姐实在忍受不了数学的苦难，她梦想音乐的天堂，想和贝多芬在月色下畅谈，想在玛瑙河前安静地伫立。

父母希望孩子成才，也为了孩子们着想。所以在与父母恳谈之后，她放弃了进入省中的荣誉，改念台北师范。

三毛的姐姐念的是音乐科，主修钢琴，副修小提琴。也就是因为这样，三毛的姐姐选择了住校，那个房间里只剩下了三毛一个人。三毛有些高兴，有些孤单。

虽然同在台北市里住着，但是和姐姐见面交流的机会却变少了，三毛失去了一个念闲书的好伴侣。

一个人独占了一间卧室，突然觉得空旷得自由，在已经正式确定休学后，知道不会再步入教室，三毛的心情一下子就轻松了好多。

三毛在小学的时候，嗜书如命。上了中学，更是出现严重的偏科和厌恶学校的倾向，经常逃学，也是醉于书中。

休学在家后，更有时间来读书，三毛的书癖发展到了不可收拾的地步。

读《红楼梦》，再也不用放在裙子下，偷偷摸摸的了。三毛不愿逛街，即使出去，书店也是唯一的去处。

商店里的小玩意儿，三毛是一点儿不在意的。那些是幼稚的小玩意儿，三毛是不屑的。

买了一个竹子做的书架放在卧室里，典雅又不失美丽，把那一年的压岁钱都花了，但是三毛是开心的、舒畅的。

上面零落的几十本书，有中国的，也有外国的，有优美的散文，还有凄美的童话。

在一次次的顿悟中，那个大书架就成了三毛的思想，承载着她的灵魂，也让她后来的人生走得更加绚烂。

不经意地发觉，在三毛的身体里，那个书架已深深注入了骨髓之中。

在象牙塔里看书是记不得的，一个契机，"真理"就水到渠成，自然地流露出来，简简单单地向人开放了。

休学在家，三毛的父亲陈嗣庆不忍女儿的学业就这样荒废，毅然负起教育的责任。

陈嗣庆早年毕业于颇有名气的东吴大学，后来又任教多年。有水准，有经验，更重要的是，还有爱。

父亲告诉三毛好多要读的书，即使不上学，但是有些书还是要学的，有些知识也还是要懂的。

当夕阳的柔光布满了整个山头，三毛便与父亲坐在藤椅上，面前摊着一本《古文观止》。

一样的语句，在不同人的嘴中竟然也是有象牙和狗牙之分的。在父亲的讲解下，三毛领悟得很快，还可以把文章背诵下来。

后来又讲诗仙李白，诗圣杜甫，唐宋八大家，唐诗宋词，还有元曲。

春花秋月何时了，月下独酌无人陪，白日依山，黄河入海。春雨时节，润物无声，父女俩都沉醉在其中，不能自拔。

三毛的父亲也只是教她学习一些古文，小说随三毛自己看。一个父亲，用他的爱，来温暖女儿冷冻的内心。

无论何时爱都是伟大的，它可以使人堕落，可以使人成长，而陈嗣庆的父爱，让三毛可以坚强地成长。

三毛是爱看书的，不分类别也不分国界。英文的书，三毛也看了很多，先买的一本短篇小说集是威廉·梅克比斯·萨克雷写的《浮华世界》，后来又买了《小妇人》《小男儿》这些故事书。

也许是下意识，然后习惯成自然，三毛的母亲每一次上街，都会带英文的漫画故事回来，有对话，有图片，非常有趣而浅近。

其中有《李伯大梦》《渴睡乡的故事》《爱丽丝漫游仙境》《灰姑娘》等这些在中文书中早已看过的故事，又对照着英文一边看一边学，三毛的悟性高，又很努力，英文就慢慢地会了。

真的休学在家后，出门的兴趣也减少了，三毛的时间几乎就都在书中度过了。

读万卷书不如行万里路，三毛不爱行路，所以也就只能加倍地读书了。

在那时，很多同龄的孩子不上学，去混太保、太妹，三毛却是不混的，她一直是一个内心深爱孤静、不太合群的人。孤独的世界里，体会到的并非寂寥，而是一种自由。

每一次上街，三毛都是拿了零花钱去买书。借书已经不能满足三毛饥渴的书瘾了，不同的年龄读一样的书总还有不同的感悟。

以前不在乎其他，只是当故事看。现在，同样的一本书拿出来再看一遍，领悟的又是一番新境界。学校的教育之路三毛依旧走不通了。而在这个休学的人生片段中，三毛的灵魂却在疯长。

三毛的书架上，书慢慢地增多，由零星地零落，到摞叠地摆放。

一本书想起来就会反复地看，它消磨了三毛大量时光，沉淀了三毛的人生，积累了许多知识，她的生命也越发厚重。

因为喜欢书，天天和它们相处，对于书的外形，三毛也有自己的要求。

三毛认为书是优雅美丽的，装饰房间也会好看，很直观的看法，但外表永远是外在先吸引人注目的，先不论其内心是什么样子。

在一年后，书架也满了。三毛在出去后回来的某一天，卧室里又多了一个书橱。那是父亲特意为三毛去当时的长沙街做的一个书橱。在三毛眼中，书橱是第一珍品。

那个书橱真的非常美丽，狭长轻巧，不占地方，共有五层，上下两个玻璃门也可以关上。

三毛一直是个书奴，休学后，更是对书痴迷得疯狂。她的房间不但堆满了用来装饰房间的破铜烂铁，那是三毛捡的，她觉得捡的每一个都是艺术品。

凡是可以被利用的空间，无论是桌上、桌下、床边、地板上、衣橱里，全都塞满了乱七八糟的书籍。

当时，台湾的文学创作日渐发展，一些青年作家也崭露头角。在这些书中，三毛感受到不一样的文化。跟唐诗、宋词很不同，对三毛来说，这是她读书大餐中的又一道新菜。

她的书橱上又多了很多的书，中外都有。其中光是《莎士比亚全集》就有三套，一套是朱生豪翻译的，另一套是梁实秋译的，最后一套则是英文原版的。

三毛已有了"世界"出版的朱生豪先生译的那一套，后来梁实秋先生译的《莎士比亚全集》也出了，在这之前，也有英文原文的，可算是爱书成痴了。

台湾的英文翻版书很多，这件事情将台湾的名声弄得很坏，但对当时的三毛来说却是受益很多的。

一些英文哲学书籍，在以前是很贵的，不可能大量地买，因为有了不道德的翻版，所以才用很少量的金钱买下了它们。

那时候翻译的大多是一些大家作品，其中有很多关于哲学的。关于亚里士多德、柏拉图、康德、黑格尔……

三毛喜欢读这类书籍，哲学是智慧的结晶，是被时光沉淀下来的东西。在有限的生命里，可以知道无限时光的事情，那是很美妙的。

台湾的书看够了，又去香港买，香港买不满足，又去国外买。她从日本那边买的多半是美术方面的画册。

三毛的压岁钱和零花钱都是这样送给了书店。

竹书架和书橱为三毛成为作家奠定了坚实的基础。

休学的那段日子，三毛把时间都消磨在了读书这一件事情上，求知欲强烈，思维活跃，接受力很强。

心灵痛苦的三毛，需要书来安慰，书籍就是她的镇痛药，缓解生活的疲惫，思索活着的意义。

最后，也许是思索得不太美好，所以选择了自杀结束生命。

读泰戈尔的书，掠过新月与飞鸟，铭记着生命犹如度过一重大海。我们相遇在同一个狭船里。死时，我们同登彼岸，又向不同的世界各取前程。

最刻骨铭心的是《河童》，日本作家芥川龙之介的作品。三毛曾因为在读这本书，推掉了一个宝贵的约会，着迷得不想离开一刻。

在《河童》里，有个小主人公，叫卡帕，是"蛙人国"里的小人，那里有一个规矩：

母亲生孩子之前，要问一问孩子愿不愿意生出来，孩子对自己的出生有绝对的自主权。

有一个母亲问孩子愿不愿意生出来，孩子说不愿意，最后，那个孩子真的没有生出来。

蛙人国里的一切是现实社会的大反叛，那里有现实中没有的自由，现实中想做而不敢做的事，在那里是平常的。

那里信奉的是生活神。尼采、梵·高、瓦格纳等，都是他们的神，引领着他们一起生活。

这是一篇对现实生活反讽的文章，挖苦那些自以为是的正人君子。

三毛在那时有些反叛，敌视社会，这篇文章正对了三毛的心理。

小说中婴儿自由选择生存，不愿意出生，正是三毛内心自闭绝望的哭喊。

蛙人国中是崇拜和歌颂自杀的，这为三毛自卑而孤独的心理找了一个很好的借口。

作者芥川龙之介也是对学校极为厌恶的，他说："老师，是有权处罚学生的暴君。"他后来在1927年自杀，成为日本文坛的一颗彗星。三毛与其有太多的相似，都讨厌学校，都敌视社会，消极的生命观，对生活无望。

因为读书，所以买书，因为爱书，所以买更多的书。三毛的藏书，在亲戚朋友圈子里是出了名的，和她年纪差不多的人，都会跑来借书。

三毛就像守财奴一样，对每本书都格外吝啬。每当别人来借书，她是不情愿的。千叮咛，万嘱咐，让人早点归还，可惜借书的人太多了，不还的人也很多。

一次，三毛的二堂哥有个学音乐的同学，叫作王国梁，也跑来向三毛借书。

三毛和二堂哥陈懋良感情是很好的，所以对他的同学也很大方，居然自己动手选了一大堆最爱的书给王国梁。由于书太多，她还用麻绳捆了起来，有到腰那么高一小堆。

看着那人把书拎了出去，三毛又有点后悔了，忙不放心地追出去说："国梁，看完可得快快还我！"

王国梁是个很好的朋友，也是很守信的人。不凑巧的是，那年板桥被水淹了，而他就住在板桥，书也跟着河水走了。

王国梁内心愧疚，不敢去见三毛，叫别人来道歉。

三毛一听到这个事，心痛得都哭了起来，从此就不理他了。

自那以后，无论谁来借书，三毛都不肯借了，跟失去书比起来，其他的就都不是事了。

其中有一人是例外的，王恒是三毛的朋友。他不但有借必还，而且他还会多还三毛一两本他看过的好书。

王恒也是学音乐的，因为当年的借书缘分，三毛跟他结成了挚友，一辈子。

在孤独的时候，这个人就像是一缕阳光照射而来，在自己的世界大家彼此玩乐。

有共同的爱好，还有可以互相交流探讨的话题。

有一个人和自己分享幸福真的是一件很幸福的事，而与王恒的友谊就在那时生根发芽，迅速生长，最后就成了一辈子的朋友。

爱书成痴，并不是好事，做一个书呆子，对自己也许没有坏处，可是这毕竟只是个人的欣赏和爱好，对社会，对家庭，都不可能有什么帮助。

从另一方面来说，学不能致用，亦是一种浪费，很可惜，三毛就是这么一个人。

陈嗣庆也常常问三毛："你这么啃书，将来到底要做什么？不如去学一技之长的好。"

三毛没有一技之长，她只会读书，然后再读书。写作，也只是因为爱读书。

三毛说：我从来没有妄想在书本里求功名，以至于看起书来，更是如鱼得水。"游于艺"是最高的境界。

在书里，三毛得到了想象不出的快乐时光，醉心于艺。只是痴迷，只是喜欢。

初涉文坛

柳暗花明，峰回又路转，没有永远的境遇，也没有一直或悲或喜的事情，地球是圆的，光线是折的，当某种境遇到了极致，就会有另一番的海阔天空。

顾福生是一个转折点，改变三毛少年时代的人。把一个自闭女孩塑造成坚韧有才华的女子。

簇展的蒲公英，与风共游，纷飞如雪，落下春的希望，播种爱的成长。

三毛在小的时候，嗜书如命。后来，一次偶然的机会，与美术结下了一生情缘。

这个发现应该归属于一个驻军少校的功劳。

那是一个清晨，小学的时候，也就十一、二岁。三毛去学校很早，她喜欢在操场上玩单杠，那是她最拿手的体育项目。

在学校里，她的单杠也是玩得极好的。她可以双脚倒挂，头朝下，并且还可以大幅地摇晃，旁人看得心惊肉跳，她却自得其乐。

三毛喜欢像蝙蝠一样倒挂睡觉，直到因长时间倒挂流出鼻血，才会下来。

这天，三毛又出了鼻血，恰巧少校经过。他看见三毛出鼻血，同情地挽着三毛到他的宿舍去擦脸。

站在房间里，三毛愣住了。她看见了天使，那是一个美丽的女孩，被悬挂在墙上。

那是一张只有报纸大小的素描，画的是一个女孩子的头像。这幅画，震撼了三毛。

那一场惊吓，是一声轻微低沉的西藏号角由远处云端飘过来，飘进了女孩的心。

一刹那间，三毛看见了世上最美的东西，在静静地阐述美的真谛。

从此，三毛便着了魔，一有空就往少校的房间跑。她不进屋，只是透过窗户与少女深深地对视。

这样的幽会，使三毛如痴如醉，一天能跑上七八趟。三毛深深地恋着这个天使，带着一种安静的心情，自自然然地给予了最纯粹、最热烈的感情。

《红楼梦》激发了三毛内心对文学的热爱，这幅画唤起了三毛内心的美感。

黑与白，红与绿，无论是素雅或是艳丽，在三毛的眼里都是缤纷的色彩。每面对一次，都是视觉上的冲击。

图片与文字，还是前者更有吸引力，更具亲和力，更能讨孩子的欢心，可以说，三毛先是憧憬着当画家，然后才是梦想着当作家。

后来，那个少校走了，这幅画也被装进了行囊，对那个流鼻血女孩子的事情，已经淡忘得一无所知了。

那个美丽的天使走了，留下了一个七彩的光环，三毛甘愿被套进其中。在里面，一直有个瑰丽的梦，三毛幸福地做了一生一世。

三毛休学后，陈嗣庆夫妇看女儿如此热爱美术，于是耐心地诱导、鼓励三毛成为一个画家。

于是，三毛对美术的爱被宠溺得无边无界了。

三毛先是报了一个美国人办的学校，学不下去。然后，又开始报班，学习日本插画。

最后觉得还是没兴趣学不下去了，三毛的父母又请了一个家庭教师，教三毛学习她最爱的绘画。

三毛的第一任家庭教师是黄君璧先生。黄先生属于孔子式的儒雅先生，要三毛一张一张地临摹山水。

这种优雅得近乎古板的方式很容易就让人索然无味，三毛实在觉得无趣，这和学校的绘画相比差不了多少。于是，第一次正式学画经历就此终结。

陈嗣庆以为，女儿不爱山水画。于是，又拜到了邵幼轩先生的门下，学习花鸟画。

邵幼轩先生是一个温柔而且善良的老师，他关心疼爱这么瘦弱的女孩，用这个女孩渴望的方式来教导她。

尽情地创作是三毛梦寐以求的，可以不用古板地临摹，可以根据自己的心情、爱好来表述自己的作品，三毛觉得是非常愉快的。

在邵先生悉心的教导下，三毛的花鸟画画得颇有些味道了，可以怡然自得。

可惜的是，细腻的笔法只会加深三毛的灼痛，无法缓解她的疼，那些柔软的线条，像柔弱得没有一点儿可以反抗的力量。

被禁锢的灵魂，始终无法解放，渴望自由的灵魂，需要更坚强有力的解脱。

在国画与西洋画之间，三毛更倾心于西洋画。那种笔尖的洒脱，线条的随意，对于三毛来说，可能更具有吸引力。

三毛有一位堂哥，叫陈懋良，寄居在三毛的家里，是这个大家庭中的一头"黑羊"。

陈懋良对音乐痴迷，对上学无意，当着叔叔的面，把学生证撕得粉碎，表达不上学的决心，对梦想的坚持。

陈嗣庆无奈，只好为他请了音乐老师，在家学习，教他如何作曲，怎样创作。

也许是和三毛的经历相似，大家惺惺相惜，互送一些彼此喜欢的东西。

一天，陈懋良送了三毛一本毕加索的画集，一个西班牙画家，用其独特的画法，脱俗的演绎，超乎寻常的想象，征服了世界。当然，也征服了三毛。

三毛看着这本画册，就像一男子遇见一女子，顿时惊为天人的感叹，陶醉不已。

三毛说："爱！就是这样的，这就是我想看到的一种生命。"

毕加索的支离破碎，三毛的撕心裂肺，应该是同宗了。

就像喜欢一个歌手，觉得和自己有共同的颓废，但是自己狼狈就够了，何必再找悲切于己呢？那是因为，我们喜欢，因为相同，也只是类似，歌曲中绽放的生命力，为悲剧的人生增添了一缕光辉。

三毛喜欢毕加索，倾心于毕加索，虽说从未见面，但，同是天涯沦落人，相逢何必曾相识。

从桃红时期、蓝调时期、立体画、变调画和后期的陶艺里，三毛看出了一个又一个心灵深处的生命力和美。

爱屋及乌，喜欢画，喜欢人，三毛决心，把一个少女的纯净爱情，全部献给毕加索。

三毛渴望长大，渴望成熟，渴望长到十八岁，渴望有个西班牙式的、浪漫的、伟大的婚礼，那场婚礼，被刻在一幅画上，称为经典的、永恒的历史瞬间。

她辛苦地得到了一张毕加索别墅的照片，反复地端详，温柔地抚摩，她渴望那里是她以后的家，那是三毛心中最纯净圣洁的城堡。

那年三毛十三岁，毕加索七十七岁，一段忘年恋，虽说只是单恋，却也享受了酸甜苦涩的复杂滋味，三毛的心里，憧憬着，有些小甜蜜，有些小挫折，一点儿小无奈。

毕加索是三毛第二个单恋的对象，第一个则是小学时的光头男生匪兵甲。一个人享受的爱情，与两位男士无关。

1973年4月，毕加索在巴黎溘然长逝。此时的三毛，正在撒哈拉沙漠，与一位西班牙男子享受甜蜜的爱恋，即将步入婚姻的殿堂。

三毛的姐姐陈田心，有一对姐弟朋友。陈缤是姐姐，陈啸是弟弟。

陈田心的人缘很好，总是会有一帮朋友来家里玩。

一天，大家正玩到兴头上，陈啸兴致来了，即要画一幅激烈的战争图给大家看。

陈啸唰唰几笔，当即画完。大家伙儿凑上去，评头论足，议论一番，又哄哄然了，到院子里去逛景。

屋子里静了下来，自闭的少女三毛轻声地从卧室走了出来，拾起那团被丢弃的画纸，小心翼翼地展平。

陈啸的绘画水平虽然不是很高，但三毛偏偏被那活泼的画面所感染，自闭的心对绘画展开了。

三毛又开始了拜师历程。这次的教师是顾福生，教陈啸的人，是三毛央求母亲让顾福生收她做一名学生。

一段时间后，顾福生答应了三毛的请求。三毛的黑暗时光被这位老师点亮了星光，迷茫的路被标注了方向。

顾福生是国民党高级将领顾祝同的公子，家住在台北泰安街二巷二号。在台湾小有名气，是台湾画坛新潮画派的新秀。

开学的那天，三毛背着一个小书架，怯生生地敲开了顾家的大门。

顾福生很热情，很随和，对三毛辍学的事情只字未提。三毛想：他真是一个好人，温柔和温暖。

他关心这个女孩内心敏感的黑色地带，小心地略过去，不让那个女孩重温那段悲痛。

第一节课学的是素描。没有丝毫的基础，三毛的第一幅画很糟糕，惨不忍睹，内心不安的女孩，紧张地绞着衣角。

三毛很喜欢，喜欢这位老师和这门课，很努力地学习。然而在两个月之后，还是没有多大的进步，在绘画的未来上实在看不出可以走得有多远。

也许兴趣和天赋真的不是可以互补的，爱迪生说："天才是百分之九十九的汗水加上百分之一的天赋。有百分之九十九的勤奋，但是天赋不足百分之一，还是不能够称之为天才的。"

年轻的顾先生很有耐心，很是照顾三毛的进程。但越是耐心，越是温柔地对待，三毛心里就越不安，自卑紧紧地抓住心脏，窒息般地惭愧。

自己如何努力也达不到成效。她深深地自责，老师的温柔也像是一个枷锁，把三毛紧紧地束缚。

终于有一天，她向老师坦白，她没有绘画天赋，她不想在一条黑漆漆的路上一直走下去。

她低头了，不是命运，不是老师，也不是自己，只是那种得而不能的无奈。

三毛不是这块料，她也决定不想再连累老师了，朽木是雕琢不成一块璞玉了，她也不想老师再做无用功了。

内心是痛苦的，抽出性的解脱。她在默默地嘶喊：回家吧，躲回家里去吧。躲在那把锁的后面，没人能看见你的无能，只有在那里你是安全的。

极度挣扎后的决定，只换来老师不痛不痒的笑，三毛有点气愤。

顾福生没有接受三毛的请求，他递给了三毛几本文学杂志，有《笔记》杂志合订本，《现代文学》杂志，并嘱咐三毛回家多读几遍。

这是一个新的开始。三毛开始接触现代派文学，启蒙的却是一个美术老师。

三毛回到家，进入了自己的安全世界，开了灯，静静地看了起来。

一个婷婷少女，坐在书桌前，安静地读书，恬淡的面容，很静很美的景色，触动内心的淡然。任谁也不会想到，这竟然是一个自闭女孩。

三毛走进了一个新生世界，那里有存在主义、自然科学主义，还有黑色幽默和意识流等。在那里，每个人都可以找到自己的定位。

那是一个与《红楼梦》《古文观止》大不相同的世界，古人的思想与现代人的潮流互相冲击着。

三毛还自己搜罗了一些其他的书，有萨特的《厌恶》、卡夫卡的《城堡》、加缪的《异乡人》等。

三毛又一次沉浸在了读书之中，其中白先勇主编的《现代文学》深受三毛青睐。

三毛在连续读了一周的书后才去上课。这一周的时间，三毛把自己重新包装了，找到了自己的一个新定位。

果然，之后三毛的话多了起来，像一个小妇人一样津津乐道她的感动，她的震惊，她的爱……

文学创作的欲望，被挑逗得高涨起来。三毛昼夜趴在桌子上，写了又改，改了再写。她感受到，海岸的风轻袭而来，周身弥漫着海洋般清新的气息。

一天，她把自己写的文章交给了顾先生，是一篇散文。顾先生翻了翻，点了下头，没有言语就收下了。

年轻的帆已经竖立起来，未来的航道已经初定，这个年少的女孩，即将驾驭这艘船，开始一段奇妙的历程。

一周后，顾先生对三毛说："稿子不错，已经给了白先勇，一个月后，就在《现代文学》刊出。"

他的话，如一声惊雷，三毛有些失措。她紧紧地盯着顾福生，心里苦涩的甜蜜，真的很想哭。那个自卑的女孩虽然对自己的文学有点小小的自傲，但从来没有想到，竟然可以被刊出。

这件事就像是一剂兴奋剂，刺激三毛整个人热血沸腾，心里的兴奋一直持续。

1962年12月，那时的三毛十七岁，第一篇作品《惑》被刊登。三毛的梦成真了。

当三毛把杂志抱回家，陈嗣庆夫妇泪光闪闪。三毛想，值得了，这就是未来了。

《惑》的发表是三毛人生中最值得纪念的一件大事。在最黑暗的时候，它砸下金光闪闪，展示生活的希望。是三毛生命里程的转折点，也是起始因子，引导后面的连续排行。

它在三毛苦闷黯淡的时期，像一束光一下照亮了她的世界。开启了三毛自卑的枷锁，打开紧闭的心灵；如一缕源泉浇注到那干涸的灵魂，塑造一个鲜活的生命。

文章被刊出，对有些人来说可能微不足道，但那却是三毛一生的起点，由此种下了一颗一生执着于文学写作的种子。

顾福生，不仅拯救了一个被自卑纠缠的女孩，他还为中国文坛，发现了一个天才。

人性的道德，从来不仅限于自己的原则范畴，而是能力底限。顾福生作为一个美术老师，他没有局限于教这个苦闷的孩子作画，他还要把这个孩子的心灵变成一幅画，美好的风景。

三毛意识到，她不是"弱智"，也不是"低能儿"，这件事就是最好的证明。

她是有才华的，很有造就的孩子，比同龄人已经超越很多了，她甚至有希望可以去摘星星。

心灵的窗户，一旦下锁，开窗，阳光四射，一片欣欣向荣。飞花似梦，人生辗转，绚丽人生路，绮迤纷飞。

第三章

百转千回，情定荷西

少女情萌

那是一个纯真的年代，在那个古老而唯美城市里青衣黑裙的三毛似一株清丽的百合，纯粹得不带一丝杂质，伴随着丝丝细雨，她的花季从这里开始了。

三毛在没有经受那场打击之前，和大多数女孩一样是很爱美的。

喜欢漂亮的衣服，抹着鲜艳的口红，穿着高筒的丝袜，有着迷人的褶裙。

这是那个时期女老师的普遍穿法，她们被三毛奉为偶像。

那卷卷的头发，金色的项链，穿着高跟鞋，两脚向前一字排行地走，婀娜的身姿，充满了性感的诱惑。

三毛渴望快快长大，快快来到她美丽的二十岁。自由的，美丽的，幸福的二十岁。

这种深深的渴望被三毛写在作文里：想到二十岁是那么遥远，我猜我是活不到穿丝袜的那个年纪了。

没想到这句话一语中的，三毛二十岁之前的路途是艰辛坎坷的，也差点丢了那如花的生命。

那个时候的小孩子正处在身体发育期，对于异性充满了好奇。

几个女孩子，在课间也会小声地谈生理上的事情，懂得的都浅显，有的时候则会闹出很大的误会。

一个女孩说："女生和男生之间是个很大的问题，如果女生和男生拉手了，就会死掉的。"

另一个说："那是不可能的，没那么严重，只是女的可能会怀孕生小孩。"

大家都把听说的，煞有介事地一一说出来分享，大家共同认证。

最后，得出的结论是：稳妥起见，还是不要和男生拉手的好，最好还是保持距离。女孩子生小孩，还是很可怕的。

三毛真的开始小心起来，连和从小一起拉手长大的表哥，也隔离起来，减少接触。

因为是上一所学校，即使碰面，三毛也是低着头，红着脸走开，连招呼也不打一声了。

女孩子喜欢扎堆，三毛和班上的六个女孩好得形影不离。小孩子的年纪，最真挚的友谊，好了为你做一切，不喜欢了就是极其讨厌对方。

三毛她们学着小说中的样子，拜了把子，结为七姐妹，三毛是最小的，称七妹。七个女孩在一起，总是很耀眼的，那个青春萌动的年纪，恋爱就是一种禁忌，但还幻想着果实的滋味。

忽然有一天，七姐妹收到一张纸条，是从暗道递过来的。写条子的是隔壁班的七个胆子比较大的男孩子，他们约七姐妹放学后，在校外边池塘相会。

那个时候的男孩子和女孩子是很少接触的，只是知道男女生在一起就是一种禁忌，他们不知道男女之间还有纯洁的友谊，爱不只是一种。

七个姐妹聚在一起，既紧张又兴奋，讨论了半天，最后一致决定：去就去，没有什么了不起的。

一向胆小的三毛，这时的胆子也变得大起来，胆小的三毛也想禁忌的刺激。

放学了，三毛背上书包，发了疯似的跟着姐妹们往池塘跑，女孩子们等了又等，夕阳落了又落，没有太阳没有月亮的时段，很遗憾，那七个男孩子没有来。女孩子们有一点儿失落，但也还是庆幸没有迈出禁忌的那一步。

小学就快毕业了，也许是感到时机不在，也许可以有一次最后的奢侈放纵，那七个男孩子又递来了一张条子，约七姐妹去延平路"第一剧场"看电影。

姐妹们捐弃前嫌，再次赴约。原本等在电线杆下的七兄弟，看见她们走了过来，便往前走。姐妹们在几十米开外，远远地跟着。到了剧场，七兄弟买了七张票，进去了。

过了一会儿，缓缓而来的七姐妹，也买了七张票，进场入座。这个时候，男孩子们和女孩子们发现他们的距离很远，伸手够不到，说话也听不见。

电影不知不觉地演完了，男孩子们和女孩子们相继走了出来，男孩子们回了回头就上了电车，接着，女孩子也上来了。

男女双方保持着一定的距离，没有一个孩子敢出来打破这种局面。

很期待的煎熬，电车终于到站，男孩子们下了车，女孩子们下了车，相望无语，又各自走散，一场让人满心期待与充满刺激的约会就这样拉上了帷幕。

青春懵懂，却也懂得美貌的重要。三毛更加爱美，爱美之心也一天天强烈。

有一次，缪进兰要去参加一个老同学聚会。为了把女儿打扮得漂漂亮亮的，母亲特意做了两条裙子。姐姐陈田心和三毛各一条。

姐姐比三毛大，自然更清楚家庭情况，乖巧地没有和母亲要求过多。

三毛却任性地要蓝裙子，没有多余的钱买布，就用家里现成的白布，还精心地用紫色线绣了荷叶边。

三毛看见裙子时，眼睛瞬间盈满了泪水，坚决不穿，咒骂紫色是"死人色"。

那是个任性的三毛，带有小孩子固有的无理取闹，但也有小孩子自有的直观的感受和情感。

小孩子的梦想总是很纯真和简单的，那时候最大的梦想，就是拥有和老师一样的装饰，看起来可以那么性感迷人。

只是受辱之后，连意识都是朦胧的，颜色更是模糊的，三毛放弃了鲜艳颜色的享受，她觉得生命都是黑暗的，其他的都无所谓了。

小学四年级的时候，三毛萌动了那颗少女的心，心心念念着那个人，殷殷盼着他的回应。

那个时候，每到六年级毕业，就要举行全校同乐会，欢送那些即将毕业的人。

　　会有很多的节目在活动中表演。三毛的姐姐陈田心，功课好，模样也好，自然地就是主角人物。

　　姐姐演的是一幕话剧，叫《牛伯伯打游击》。小孩子对这些很好奇，三毛就经常去姐姐排练的地方观看。

　　看平常嘻哈的人，怎么瞬间就会变成英雄正义，恶霸强权。这都是极好玩的事情。

　　突然，一个意外降临了，不能说是那么大的一个馅饼，但也是一块含在嘴里甜丝丝的糖。

　　三毛被挑了去演戏，虽然只是一个群众角色，一个"匪兵乙"，台词只有那么反复的一句话，"站住，哪里去"。

　　当时的剧情是，三毛和另一个"匪兵甲"，躲在黑色的布幔后面，做一个针对牛伯伯的陷阱。

　　这个时候，牛伯伯就会上场，小心翼翼地搜着，靠近布幔时，俩匪兵"噌"的一声，一跃而起。拦在面前，喊出那句台词。

　　陈田心是学校里的白雪公主，每次排戏，大多是正义的女主角，这令演反派并只有一句台词的三毛有点羡慕还有点难堪。

　　但是，满足了三毛演戏的渴望，三毛还是觉得高兴的。

　　这些都是小事，于那么美丽的意外来说，都是微不足道的。

　　三毛情动了，虽然那时候只是一个孩子，但是爱情是不分国界，不分性别，更无论年龄的。

　　排戏的过程中，三毛与那个匪兵甲男孩单独地紧挨着，躲在别人看不见的角落，却能感受到彼此的温暖，听到彼此的心跳。

在那个迂腐古板、规矩很多的学校里，这样的接触实在是一件天大的事情了。

这个罕见的机缘，给年少的三毛造成了很大的困扰。因为她渐渐发现，每每在一起排戏的时候，三毛的心脏都会生病，跳动得很不规律，忽慢忽快，三毛问自己：我这是怎么了？

一种神秘而又朦胧的喜悦充满了三毛的心房，这就是爱情的感觉吧。三毛青涩的心里住进了一个叫作匪兵甲的人，不求知道他是谁，不求与他一生相守，只求上苍能让他们这样一直依偎。

学校里是不允许学生之间出现爱情的，三毛发现了爱情的种子后，是欣喜的也是孤独恐惧的。

三毛欣喜地享受这种感觉，孤独地想到这种感觉只有一个人知道，恐惧被发现后的惩罚也只是自己承受。

虽然没有交谈一句话，也不知道那个男生的名字。唯一了解的是，那个男生是三毛隔壁班的。

原来他们之间的距离只有一堵墙的厚度，年少的力量太柔软，三毛没有打破那墙的力量。

那个男孩有着一个凹凹凸凸的大光头，剃得溜光锃亮，躲在布幔后面总是会映射出一个淡青色的光晕，若隐若现。

反射三毛那张痴迷的脸，只是印在头顶上，而男孩没有第三只眼睛，三毛还是一个人苦苦地暗恋。

本该绚烂多彩的年纪，却因如愁的细雨显得苍白无力。然而三毛一个倔强的女子又怎会因苦痛而闪躲，从听见彼此心跳的那一刻起，心已然沉沦。

三毛沉沦在这段只有自己的爱情里，第一次感觉到原来在世界上可以有一个人让你这么在意，想随时随地知道他在干什么。

当看不到他的时候心里会发慌，当想到他的时候会不知不觉地傻笑，一整天都不知道自己在做什么，闭上眼睛脑海里全都是他的影子。

悸动的心，让三毛变得浮躁，总是时刻追随那个男孩的身影。在学校朝会时，环顾四周寻找，找到了又会羞涩地转身。

然后又会回头偷偷地瞄上一眼，快速地离开。最后，弄得自己脸红心跳。

也会一次次地徘徊在他的教室外，只是想来个擦肩而遇，这样三毛就会满足了。

她并不是不期待他的回应，但是这样羞涩、纯纯的爱恋、只有一个人知道，三毛觉得这是自己一个人的小秘密，羞涩的甜蜜。

回头的时候，淡淡地一掠，也会有一双淡然的眼睛。三毛宁愿相信，那淡然的眼神藏着深深的爱恋，那里燃烧的火，可以把彼此燃烧成灰。

一群男生起哄，说她对那个"牛伯伯有意思"，那种无聊的腔调，玩闹的性质。天知道，怎么会把三毛和他凑在一起。可能是这些羞涩的举动被人发现了，或者是一帮小孩子的无聊游戏。

三毛深深地愤怒，她感觉美好的爱情被歪曲了，玷污了，变得不纯洁了。

像个受伤的幼兽一样，冲过去不顾一切地与他们扭打在一起。把这些杂质从自己无瑕的爱情中驱逐出去。

当喜欢一个人的时候，就会下意识地把这个人归为己有。觉得他的一切都是自己的，他的好，他的坏，还有他的泪。

汹涌的情感没有发泄的地方，三毛在校园里无聊地来回走动，随手折枝花，然后又随便地扔掉。

走着就突然停下了脚步，她看见男孩被"牛伯伯"压在身下，身上沾满了泥巴，而可恶的"牛伯伯"竟然抓起一把湿的土，往男孩的鼻子里、嘴里塞。

男孩被压在身下，四肢无力地滑动。看着心上人难受，三毛真的是难过极了。

她多想冲上去把那个坏人拽下来，狠狠地摔倒，可是她不能。

指甲掐在窗框上，陷进了木头里。虽说是腐烂的木头，但是还是比手指要坚硬一些的，十指连心的痛，让三毛几乎窒息。

三毛最后还是没有忍住，跑到女厕，呕吐不止。呕得要吐出肝脏来。

疼痛越积越深，白天，三毛焦灼地追逐那道身影。晚上，关上房门，苦苦请求这段爱恋的救赎。

这场爱恋，一直是场独角戏。三毛这个女子，在戏中孤独地扮演，完美地舞蹈，旋着优雅的身姿。抬头的明媚，低头的叹思。转身，回眸，扰乱一池清水。

一个人爱恋，一个人坚守。纯真的爱，固执地期盼。宁愿遍体鳞伤，依然初衷不改。爱是心中唯一的信仰，缓解悲痛和忧伤。

三毛渴望与他相知，与他相惜，与他创造美好的未来。真希望快快地长大，做那个人的妻子。

死生契阔，与子成说；执子之手，与子偕老。

这段苦苦的单恋无疾而终在小学毕业的时候。两人为寻前途，各奔东西，渐渐地失去了联系。

三毛的这场戏演了两年，最后落下帷幕。遗留的，只是偶尔午后，坐在沙发上，笑谈那一段往事。

三毛那时的爱情就像一杯香浓的奶茶，泡好的时候香气浓郁，冷却后再品，凉而无味。

当我们对某事物有了热情，它就是我们的全部，当热情消退，它的一切已经无所谓。

当一切都已结束，再次的擦肩而遇，大家可以风轻云淡地挥手，轻轻别离曾经多情的云彩。

在三毛读书的那个年代，老师体罚学生并不少见的，而像三毛这样因为惩罚而休学的人则很少。

在更小的时候，三毛还被辱骂过，被罚擦黑板，也挨过无情的鞭子。历经种种，为何这次却是如此不堪一击呢？

在那年，三毛十三岁，对美好向往的年纪，内心的情思也在思思涌动着，只差一缕阳光，照射那颗爱情的种子，然后生根发芽。

青春期的女孩子性格是很矛盾的，很是自卑，同时又高傲得很，真正是一个寒冬暖春的交替季节，敏感得很，受不得刺激。

有些自闭的三毛，更有一颗极脆弱的心，受伤后的表达也更加强烈、更加极端。

她与老师的争斗，最后以三毛的惨败收场，狼狈离开那个受辱的地方。

在休学之后，三毛又倾心于一人。这次，是一个外国人。那就是伟大的西班牙画家——毕加索。

毕加索，西班牙画家、雕塑家。是现代艺术的创始人，西方现代派绘画的代表。

自幼就天赋非凡，又在身为美术教师父亲的教导下，从小就具有良好的绘画基础，又在美术学院进行更严格的绘画训练。

毕加索一生画法和风格几经变化，也许是漂泊沦落对人生的早熟和对人世无常的敏感，他的早期作品充满了忧郁和哀伤。

用简单的抽象，诠释世界上最复杂的生命。浮动的声光魅影，暧昧地流动着款款哀伤。

人生如此短暂，生命如此辉煌。仿佛微微一笑，尘世便已过了百载千年。

毕加索身体贫穷，而三毛则是心理贫瘠，他可曾知道，在天涯的另一角有人以他为慰藉，许下了一颗少女心。

那个静谧的午后，虫子都害怕了炎热，偷懒去睡觉。一个女孩，伏在书桌上，桌子上面有一本画册。

女孩痴痴地盯着，灵动的大眼睛里思索着，眼仁黑得要把人吸进去，时而又惊讶地瞪大眼睛，赞叹地起身，又埋身到画册中。

有一张照片，是巴黎别墅，那是毕加索的住处。那是一栋圣洁无比的城堡，三毛是公主，毕加索就是她的骑士。

这个女孩沉入了一场剧中，她就是女主角，所有的事物都为她做背景。

这段暗恋最后如春风吹过，卷走尘埃，留下最初的清爽。

若干个日出之后，谁和谁都是陌生人。一个偶然的念头给个电话，陌生的距离给了亲切的回忆。当时间缓缓地流，是否还记得曾经许下的承诺，是否还记得曾经的不离不弃。无法再牵你的手，也不想回头，泪不会再流。我们也不能再聚首。

你和我说，他和我说，我们都一起说曾经的话，如今的我时过境迁还记得依稀的年华，却已没有了那时的冲动。是否青春的保质期太短，还是你我还不够成熟内敛。无所谓谁松开了手，只是回忆不再停留。

听着送你的独白，给我不悲伤的怀念，好想再听你的声音，却不想看到成熟的笑脸。不是我脆弱，不是我坚强，只是我还有着我固执的坚守，还想保留曾经的最美。

无法再说，因为我想回头。只是错过了才体会悲，伤过了才不知痛，一错再错不是勇气执着，只是不想错过。

童真的年华，已经快要苍老，加速地奔跑，模糊了沿途的路。若我是一个圆圈，愿不是那样完美地旋转。残缺，也是一种美。

当我们都苍老了，还能否再聚首，还能否再唱起曾经的歌！

初恋，痛并甜蜜着

当一个人的灵魂坠落，升空。世界的黑白是否会颠倒，人生的信仰可还会坚持。是山中的野菊还是应世的牡丹，绽放的一样是色彩，只是不同的芳香。

出与入，进和退，争当一切荣辱。小隐于林，大隐于世。当发现一切皆如繁花，开落交替，回忆曾经的坚持还有什么意义。

在那个年纪里，如果没有爱情，就是考试得了一百分，也会觉得生命交了白卷。

已沉寂了太多时刻，思绪反复，辗转反侧，三毛又回到了大学校园，曾经的狼狈都已不在，三毛放却了那段陈年旧事，在这里重新开始、继续。

在状态平复后，三毛又恢复了曾经那个调皮爱玩的性子，交友，聚会，玩得如脱缰的野马。

这般日子虽然逍遥，只是过了最初新鲜的快乐，也会发腻，这样虚度的日子，实在无聊。

三毛有一个朋友陈秀美，即后来的女作家——陈若曦，是绘画老师顾福生介绍的。她也是在那段日子以来，三毛的第一个朋友。

三毛和她无话不谈，是闺中密友。

陈秀美建议三毛去上大学，哪怕是做一个选读生。那是一个刚开了一年的学院，但是声誉很不错，台北华冈文华学院。

荒废了多年，又胡闹了多日，三毛觉得未来不应如此度过，于是，收心，决定去上学。

一篇长长的求学信，被送到了当时的校长张其昀的办公桌上。言辞恳切，真实过往，三毛详细地叙述了失学和自学的经历。

区区向学之志，请求成全。三毛在信中表达了她的求学信念与理念。

三毛开始了人生新的篇章，成为这个学校的第二届选读生。

去注册时，三毛带来自己发表的作品和绘画去见了张校长。这样的一个人才在学校就读，张先生自然是很高兴的。

他建议三毛选择文学或是艺术专业。三毛婉拒了，她选择的是哲学系。

人的一生无非是生到死的过程，生是赤裸裸地来，死后又化成灰烬，重归于尘土。

为何要在这尘世苦苦挣扎呢，忍受苦难与折磨，想着今天和明天。

熬白了头发，苍老的容颜，萎缩的躯体，又强大又变得弱小，还是要在世间争那一席之地。

三毛还是没有从那场噩梦中解脱，但是她可以暂时忘却。封藏在角落，寻求永久的封印，让她永无翻身之地。

在家的那七年，三毛苦苦探索人生这个课题，甚至还一度觉得生命没有了继续下去的意义。

幸运的是，她活了下来，并且走了出来，走到今天，去寻找曾经未解的答案。

三毛的大学成绩，应该是中上的，平均分85分左右。当然，其中的国文还是分数最高的，写文章，三毛这个作家还是非常擅长的。

三毛在中学就辍学了，没有接受正规的教育，对许多知识都是不懂的。在一次国文知识测验中，三毛耍了个小聪明，写了一篇作文代替考试，她杜撰了一篇悲惨的家史，又写得文采斐然，老师很容易就被感动了，潸然泪下，测验自然就过关了。

三毛从小就是个骄傲的孩子，有很强的好胜心，什么事情都不想落后，尤其是在她引以为傲的文学方面。

那个年代的学生，大多是要读几本书的，不能开口成章，也要听得懂别人的引经据典。

班里有的同学读了某本书，也会拿出来炫耀分享下。听到没读过的好书，三毛必要千方百计地找到，尽心地钻研揣摩。

当别人再说到这本书的时候，三毛就会说出更加高明的见解，心里小得意，看那个人还敢在自己门前班门弄斧不。满意地接收四周崇拜的目光，她喜欢这种被人崇拜的感觉。

低调的炫耀，深沉的华丽，三毛享受崇拜，但并不要求万人之上。

她依然是一个黄毛丫头，覆在前额的刘海，勾向脸庞的发梢。连写的字也是右上角斜飞而去，好像给双翅膀就能展翅飞翔。

三毛喜欢大家在一起，讨论人生，讨论哲学。

初入大学的孩子，人生的经历，淡色的纯白，哪有几多愁。

哲学系的人，在一起无非就是，加缪的思想，柏拉图的理论，黑格尔的观点，每个人说起来都有一套，再覆上三分愁，一个个都是愁苦的俊女才男。

三毛这时，总是静静地听，淡淡地笑。有不同意的观点也不会多嘴，只是怔怔地盯着那个人瞧。

面壁七年的苦读，非一日而就，别人的思想，对于三毛来讲，就像是一个小孩子说的无聊童真话。

很多人在她面前也不敢多开口，在一个有内涵的人面前炫耀，那是很少人会干的事。但是有的人滔滔不绝，三毛也不会当面拆台，大家相处得很融洽，也很愉快。

三毛在别人眼中是一个成熟的大姐姐，楷模人物。这实在是冤枉了她，三毛只不过是喜欢玩深沉，玩得很潇洒罢了。

同龄人崇拜他，在老师的眼里她还是一个不成熟的孩子。作家胡品清说："三毛喜欢追求幻影，创造悲剧美，等到悲剧美，等到幻影成现实的时候，便开始逃避。"

一个城市现代矛盾少女的形象，憧憬着美好，怜惜着悲剧。

平淡如水，安详闲适，看一叶知秋，晓温春寒冬。读红楼梦史，品人世风情。

大学是一首青春的赞歌，赞美如花的美女，感叹俊秀的少男。一段芳草萋萋地，缠绵点缀七月花。

一个石桌，几个竹凳，一场桃花，天天绽放。一场爱恋，灼灼其华。

戏剧系的才子和哲学系的才女，在山色秀丽、松风可谛的华冈，谱写了一段爱的篇章。

三毛长期被压制的爱情浪潮，漫过了彼岸，曼珠沙华在内心夹岸盛放。

作家梁光明，后笔名为舒凡，与三毛恋爱了。

那时的舒凡已经是闻名学校的才子，大二的他就已经出版了两本集子，是女生业余闲谈的对象，大多数女生的梦中情人。

在那之前三毛有过两次狂热的单恋，一些约会也不少。少女的心期待着爱情，日常生活中接触的异性，也常常成为憧憬的目标。

邻居的大哥哥，班级的气质男，某个喜欢穿蓝格子衬衫的男子，都是三毛白马王子的替身。

不同的是，别人是怀着观仰的心来对待这位偶像，三毛渴望白马王子在触手可及的地方。

第三次单恋正式上演。与前两次不同的是，以前的少女总是怀着羞涩的心来等着爱情走到身边，而这次，三毛决定主动出击。

三毛是虔诚的耶稣信徒，那三四个月，梁光明就是三毛的神。神到哪里，信徒就跟随到哪里。

梁夹着本书去上课，三毛就放弃自己的课程，跟着到戏剧系去旁听，至于听进去多少和看进去多少就不得而知了。

有时候下课晚了，梁到小饭馆去吃饭，三毛也跟着去邻近的桌子，摆着一双筷子在面前，欣赏那个人吃饭的姿态。

心上人仿佛根本没注意到三毛，照吃他的，吃完就走。三毛就像个影子一样，但是主人根本不记得他的这个影子，也不去理睬身后一样节奏的脚步。

梁光明经常乘公共汽车上街，三毛呢，毫不犹豫地跟上去。就像个尽职的私家侦探一样，记录着那人的一举一动，每一个姿态，不负雇主的委托。

三毛甚至觉得，耶稣已经知道这个门徒的存在，但是他仍然没有停下脚步，接受这个门徒对他深深的景仰。

几个月过去了，三毛有些挫败，一个人的独角戏演得煎熬。

大学的三毛，依然在报刊上发表作品。一次，发了新稿酬，三毛请客，买了很多好吃的，大家在教室尽情欢闹。

同学们喝着米酒，敲着桌子，唱一些找不到调的歌，但是很大声，给人一种澎湃的感觉。

大家互说祝福与祝贺的话，玩得好不热闹。

却在这时，门开了，进来的一个男子，眉清目秀，瘦削的身材，正是高年级才子梁光明，那个三毛心心念念的人。

对于那个请梁光明来的人，三毛无比感谢，原来上苍真的听得见她的心愿。

他与别的同学碰杯，逗笑。他的一举一动，三毛都紧紧地看在眼里，紧攥衣角，心跳得快要蹦出胸膛了。

三毛觉得无论如何，心上人也要来向她这个宴会的皇后道贺了，遗憾的是，梁光明虽然喝了三毛的酒，却没有把尊贵的头颅扭过来，也没有接收到三毛那炽热得可以灼烧的视线。

只是来了一会儿，和大家摆摆手就走了，自始至终，都没有来到过三毛的身边，留下一个伤心的女孩，痴痴地望着他离去。

深深的挫败感萦绕着三毛的眉头，她觉得这场宴会现在无比无趣，只有对酒消愁。

一杯又一杯，三毛拼命地喝酒，单恋是如此痛苦，她不想像从前那样，她想得到一个完美的结局。

匪兵甲的遗憾是那时候没有勇气，毕加索只是时间阻挡了爱河，这一次，他来到了身边，就要紧紧地抓住。

爱恋应该是愉快幸福的，一切的苦涩回忆三毛不想重演，不堪回首的昨天，她要用未来去美化它。

十九岁，三毛已经从自闭的铁窗飞出来，她的翅膀上，流动着自由的风。

三毛决定采取主动，去把那个男人追到。

缘分真的是一个莫名其妙的东西，宴会散后，三毛一个人，在空旷的草地漫无目的地散步。

这样的散步，是缓冲剂，可以缓解内心的痛苦，驱散心底的阴霾。

痛苦还没有消去，喜悦就来到了心头。

在操场上，离她很远的地方，有一个熟悉的影子。三毛内心希望着，她飞奔过去，看清了，那个人就是梁光明，刚才还在心底默念的三个字。

梁光明也看见三毛了，他没有动，僵硬地站在那里。三毛按住胸口，她觉得心脏已经不受控制了，要挣脱束缚飞到他的身边。

两个影子在阳光下相对，暧昧的日光在两人身旁围绕。静静地相持，那一步羞涩在坚持。

脚下是碧绿的草坪，平坦得像一块舒适的毯子，温柔地把两人包围，把影子合为一体。

三毛想，人生不能一幕一幕地遗憾下去。爱情，也不能再无疾而终，她想有一个开始。

这个时候，三毛笔直得像男孩子一样走过去，缓慢而有节奏的脚步一声声响起。

一个脚步的距离，站住了，两人默默相望，可以听得见彼此的呼吸，那么强有力，那么澎湃。

四目相望，默默无语。三毛缓缓地抬起右手，拔出了男孩衬衫上的钢笔，轻轻地抬起男孩紧握着的手，缓缓地在他掌心写下了她家的电话号码。

三毛握笔的手，有些哆嗦，脸涨得通红，眼睛一闪一闪的。她觉得又羞涩又快乐。

把钢笔轻轻地放在他的手中，他握住了笔，连带着那个号码，一切都是慢动作，三毛看着这一切。

冲他点了个头，眼泪却禁不住往下掉，那一刹那内心有种不知名的恐惧。

她什么也没说，转身离去，先是快走，最后就快速地跑掉了，好像逃命一样，后面有什么在追逐他一样，其实只有一个男孩，怔怔地看着手心。

那一天，三毛逃课了，她没有回教室，而是直接跑回了家，一直守在电话机旁，紧张得好像连动一动都困难。

整个下午，三毛都在焦灼的等待中度过，电话铃一响，三毛就飞快地接了起来。

她接了很多电话，由惊喜到失望到再惊喜，两种情绪一直在循环播放。

三毛觉得她快得病了，心脏跳得严重超出了负荷，呼吸都要小心翼翼的，真的怕某下跳动之后会窒息。

五点半的时候，电话又响了，那头传出了一个男孩的声音，定了一个很温暖的约会。

三毛在客厅不断地旋转，把自己转晕了，也一直在笑，直到流出了眼泪。

她想，这一段爱情，终于开花了。

七点半的约会，三毛早早地就去了。那个台北铁路车站门口，她跟那个人第一次真正意义上的视线相对，缠绵的红线，把两人绕在一起了。

三毛人生的第一次恋人约会，那一刻是会被永恒地收在记忆之中的。

去淡水那里旅行好吗？梁光明轻声问她，三毛怎么会说一个"不"字，与心爱的人在一起，无论天堂地狱她都会跟随的。

三毛的初恋，从此开始。

仿佛还看见昨日那张悲伤的脸庞，快乐有时候竟然辣得像一记耳光。甜蜜和喜悦从此与三毛相伴，三毛醉了，痴了，在这场爱恋中她放逐自己了。

少女时代的种种苦难，在这场爱恋中，得到了补偿，甚至觉得以前的种种换来如今是太值得的。

三毛对初恋的怀念，永远是那么美好：这位男朋友如同亲人般相处，每一秒钟都是那么真实。并不像小说描述中的那样空洞，三毛觉得相处得那样踏实，就像很多年后的时光。

梁光明是一个作家，对事物有独特的见解，三毛在与他的相处当中，潜移默化地改变了很多，对文学的思想，对未来的期望，对生命的尊重，自我肯定，自我期许，在这份爱情中，三毛收获的不只是爱。

曾经自闭的孩子不成熟的思想，在这个男人面前被成熟了。

满目秀色的华冈，是情侣们天然的伊甸园。花前月下，文学才女三毛，戏剧系才子梁光明，自有说不尽的浪漫情话。

两个人，一起读书，一起吃饭，一起逛街，还在教室为了某个学术问题争得面红耳赤。即使只是两个人简单地漫步，周围的粉红色泡泡也跳跃得欢踊。

舒凡很喜欢三毛那双眸子，和黑夜一样的颜色，黝黑黝黑的，荡漾着大海一样温柔得可以溺死人的微波。

而自己，被深深地刻在那里，那座雕像，坚强的姿态，连自己都没发现。

初次的吻，轻轻地接触。回应着彼此，无比欢喜，长久的渴望在这一刻终于变成现实。

三毛的眼角滑出了一滴泪珠，琉璃般晶透，美到了极致。梁光明呆呆地凝视着，不能动，做任何动作都是一种破坏。

在一个文学气质青年的眼里，那闪闪的泪光是一种艺术。他只有把三毛环住，喃喃爱的语言。

快乐的日子总是过得太快，还没来得及记全，就停止在了瞬间。那些个浪漫的月夜，像是从枝头剪下的玫瑰，插在瓶中，不过是记忆的虚设。

若干年后想起来，已不再鲜艳欲滴。三毛还没有来得及把玫瑰剪下来就已经来到了枯萎的结局。

插花的艺术还是没有学会，等到掉落的时候，那样无能为力。

在异国他乡"长大"

两年之后的浓夏，两个人各坐在一个角落。一个人低着头，绞合的手指紧贴着额头，大拇指夹着鼻梁，把身体尽可能地蜷缩，缩成一个圆圆的球体，把外界的一切隔绝。

三毛坐在床上，背挺得笔直，却是可以看得见的僵硬，脆弱得一触即倒。不是像球那样无言地拒绝，而是被逼的防御，无可奈何的选择。

三毛的手里攥着一张机票，明天她就要乘飞机去地球的那面了，如何碰触也找不到交点了。

西班牙，三毛所爱着的国家。由来已久的爱，十三岁的那场暗恋，留下了遗憾的尾巴，即使如今心有所属，还是要去还那个愿。

西班牙是曾经日日夜夜狂想着要嫁去的地方，那是个美丽妖娆的地方。

西班牙的女郎穿绚烂的长裙，过着多姿多彩的生活，这对于苍白的三毛来说，是鲜艳的诱惑。

在那里，她勾画着未来，如诗的生活。但不管是怎样的，都有一个永恒不变的因素，那就是男主角。

而今，要去西班牙了，走的却只有三毛一个人。即使现实生活中比想象的还要精彩，还要迷人。

但生活的蓝图不完整了，被抠出了一块，黑暗的色彩，可以吞噬所有的快乐。

三毛并不是非去西班牙不可的，因为她不想离开舒凡。但舒凡却是可以失去三毛的。

舒凡是个有理想、有抱负的文艺青年，他的理想是立业成家，婚姻与爱情从未被放在第一位。

甚至在三毛提出结婚的时候，他可以冷静而又残酷地说：不，那样不会幸福的。没有事业就结婚，我不会感到幸福。我的理想是立业成家，事业没有着落，对我来说，没有谈婚姻的资格。

三毛深深地绝望，她觉得她在悬崖峭壁上摇晃，摇晃的藤蔓另一端就是三毛，她需要一股力量来拯救，此刻，那个藤蔓也断掉了，三毛跌下了悬崖。

她想挽回，回到那个矛盾发生的从前。

那天，三毛和舒凡在小面馆吃面。舒凡很高兴地给三毛讲自己的毕业论文，讲未来的规划。

舒凡毕业的日子越来越近，他却越来越兴奋，学校虽然美好，但是太过单纯与稚嫩。

他渴望到社会上去大干一场，凭着自己的满腹学识和一腔热情开创一番大事业，这是他由来已久的渴望。

相对于舒凡的信心满满、踌躇满志，三毛内心是不安的，是伤感的。分别的日子，一天天接近，与心爱的人离得更远了。

她支持他创业，她会为他骄傲，但三毛的心中，就像被一团麻线缠绕，剪不断，理还乱。

舒凡的面消失得很快，坐在对面的三毛还在数着碗里的面条。在舒凡看过来时，就扬起脸朝他笑了笑，但是很勉强。

再不细心的人，在这一刻也发现了问题。以往的三毛，在听他讲话时，总是会盯着他，眼里有着痴迷的目光，亮得好像星星。而他，会拿手指轻点她的额头，很美好，很温馨。

现在的三毛像个疯子一样，拼命地摇头，捂住耳朵，抗议他说的话。从什么时候开始，这一切变得好奇怪。

他一直在讲，未来如何如何，我要怎样怎样，三毛应该是为他憧憬祝福着的，可是他从未说过"我们"，他的未来规划中从没有三毛。

三毛是如此爱他，如此舍不得分开。她害怕，他真的一个人走，走了就不会再回来，以后就会有自己的崭新世界，而她三毛就是过去的过去了。

她多么希望他停止想象，多希望他的生活中充满了她。未来无论如何，三毛都是愿意和他一起走下去的。

三毛要去西班牙的时候多希望被挽回，舒凡只是说：希望这只是你冷静之中做出的决定，要走也不是负气用事。三毛从来不是舒凡人生的第一位。

三毛带着她的情伤走了，揣着残缺的心，等待着那个人去完整她的心。

爱已成沧海，和桑田隔得太远，回不去从前。

三毛以为没有舒凡的地方就是地狱，可是现在她仍是她，甚至更是她自己。

尽管有时候还会想起，还会悲伤，再深的情如今也成过眼云烟。

在西班牙，三毛过得很是洒脱。她不是为了求学，也没有学习的压力，可以肆无忌惮地做自己喜欢的事。

可以通宵达旦地去看自己喜欢的书，可以逃不想上的课，用吃面包喝自来水省下的钱，去喜欢的地方旅游。

三毛虽然长得不是很漂亮，但她用她独特的魅力征服了这个城市的男孩。

也许是热情开朗的笑声，黑色深邃的眼睛，还有黄皮肤和黑头发，在这个异邦让人感到新奇。

对艺术和文学的热爱，那些缥缈的美也为三毛披上一层不属于她的薄纱。

这个美丽的女孩，在异域他乡，也有过几次感情归宿，虽然没有完美的结局。

但三毛不是那个为情生、为情死的女孩了，她享受这个过程，享受其中的甜蜜，珍惜现在，才是最完美的生活。

三毛还交了一个日本男朋友。

他是她的同班同学，他家在日本开了一家很大的餐厅。家庭是很富裕的，他没有走温柔路线，也不是言情模式，用美丽的鲜花俘虏三毛的视觉，再用香浓的巧克力抓住三毛的胃。

三毛很坦诚地接受了，但是鲜花和巧克力不是无缘无故的，没有无私的付出，细心浇灌只是为了以后的收获。

日本男同学向三毛求婚了，用虔诚的目光看着她，等待着回答。女人都是有些虚荣的，尤其是恋爱的攻势，三毛也不例外。她喜欢美丽的事物，喜欢漂亮的人。

订婚的礼物竟然是一辆崭新的汽车，少女惊乱了，她只是怀着恋爱的心态，她的内心里还没有滋生出爱情。她只是迷糊在鲜花、巧克力和糖果上。

她没有勇气说"不"，她觉得那是一种忘恩负义的表现，但是内心是慌乱、害怕的，不知不觉泪就流了下来。

可怜的求爱者慌了手脚，他以为是自己做错了事。虽然不知道是什么事，但是他不愿意心爱的女孩流泪。

日本男人的利己主义，是出了名的。但，这回他碰到了爱情，爱情是一种神奇的魔法，它可以把最自私的人，塑造成最伟大的人。

三毛逃脱了，她觉得她这是一种欺骗，欺骗了一个男士对女生最虔诚的感情。

德国是哲学的天堂，有黑格尔、康德、尼采，全是哲学大师，苍白的哲学在那里被染上最美的色彩。

德国也是三毛在西班牙最后一位男友的故乡。他们一起到德国去奋斗。

他的德国男友和三毛不一样，是一个好学生，可以达到头悬梁锥刺股的地步，一直在为外交官的梦想奋斗。

勤奋到令人瞠目结舌的地步，即使是睡觉了，也会放着录音机，播放念过的书籍。他说：虽然肉体是睡着的，但是潜意识还是可以听得到的，也会对学习有帮助。

这样的好学生不会浪费每一分钟的，这对于天生爱浪漫的三毛来说是一种煎熬。

他们的约会很少，花前月下，良辰美景实在不适合这位古板的未来外交官。

虽然住的地方不远，但也不是能随时见面，三毛甚至要时刻关注一台台灯。

当把台灯移到窗口，三毛才可以过去和他恋爱，而约会的内容还是一起读书。

这样的时刻也是很少的，男友的灯是夹在桌子上的，很少会移动，男友低着头在灯下夜读。

三毛举头望天上的明月，黯然神伤。不断张望的夜里，连一点儿声音都没有，纷飞的大雪，落到了三毛的心里，冰冰凉凉的。

在异乡，三毛是孤单的，她渴望有一个人能够陪伴自己，关心她的冷暖，关心她内心的寂寥。

这段爱恋三毛爱得太苦，恋得太累。一个浪漫的女孩子，寂寞苦读，太需要精神的安慰了。可是，却倒霉地爱上了一个书呆子，"花蝴蝶"也遇到了寒冬。

在寒冬时节，三毛遇见了一次爱情之中的微爱情。

那是1969年的冬天，三毛被男友奚落了一顿，只是因为她的一次考试考砸了。三毛一气之下，跑了出来。

她决定逃学，把书包埋在雪地里，到东柏林去办签证，穿过东德，去那儿的朋友家过圣诞节。

德国男友约根把时间都付给了书本，是没有时间可以陪三毛去的。

申请的人很多，三毛排了很久的队才等到。气愤的却是，持着护照却不能给办签证。

三毛悲哀地想，难道圣诞节，我就要一个人在寝室孤零零的吗，要去享受那侵入肌血的清冷吗？

三毛怅然若失地走了出来，她不知道她还能去哪里，感觉自己的存在竟然是那么微弱。

透着玻璃窗看着外面的那些人，别人也在看她。就像一首诗讲的那样，你站在桥上，看风景的人在楼上看你，明月装饰了你的窗子，你装饰了别人的梦。

无奈地甩了下长头发，一转身，就面对了一个青年军官，穿着东德的制服，肩上的星显示职位不会很低。

相对的那一刻，只有深沉的叹息，为久违的沧桑。不会认为这是第一次见面，熟悉的感觉，延伸到生命里。

三毛恍然觉悟，今天的倒霉，无可奈何的劫难，都是为了这场约会，前世今生的约定，奈何桥上喝了那一碗汤，没了记忆，情还在。

军官为三毛办好了临时签证，照了三张快照，两张用于办公，剩下的那一张被军官放在贴心内袋里，离心脏最近的地方。

他们一起排队，军官把三毛送去了关卡，四目相望，执手相看泪眼，竟无语凝噎。

军官的眼睛很深，三毛掉了进去，那眼里溢满了叫人痛的温柔。

三毛想回来的时候还会见到的，军官悲哀地说：不，你回来是从另一个关口。已经不在我这儿了。

伤感的气氛弥漫上来，握在一起的手无力地脱落开来。走了一段，三毛回头，军官仍在原地，左手按在胸口，深深地看着她。

那一刹那便是永恒，记忆中永远不会忘断这段情，短暂，但是永恒。

回来的时候，关口站着一个人，目光炯炯，刺眼却柔和的光芒。

两个人一直默默地走，三毛的手，在温暖的掌心中颤抖，溺水的无力感，把三毛紧紧地包围。

不知过了几个世纪，也可能是几秒钟，万年等待在这一眼中完结。

交缠的目光，像一对纸鹤引颈缠绵，深深的、细细的吻，等待着沧海桑田的到来，物是人非，情却依然。

最后一班车的到来，军官强忍悲痛地把三毛推上了车，三毛想挣扎却被抽干了全身力气。

这段美丽的爱情，没有结果的爱情，在三毛心里珍藏了一生一世，遗憾的残缺。

后来，三毛的德国男友实现了他的外交官的梦想，进入了德国外交部任职。终于可以抽出点时间给三毛一次约会了。

他愉快地拉着情人的手，到百货公司去买结婚用品。他说：买一条双人床单好吗？三毛摇了摇头，没有一丝犹豫。

男友请三毛去吃饭，三毛抬起头来时，发现男友已泪流满面。

一年后，她与他道别，独自飞往了美国。那个外交官是个痴情的人呢，等了三毛二十多年，三毛为他沉默了一段日子，他却为三毛黯然了一段人生。

1971年，三毛在美国的伊利诺伊大学进修，享受另一个地域的独特风光。三毛主修的是陶瓷，虽然三毛在这方面没有什么突出表现，但在三毛与荷西的家中，这项技术有了用武之地。

经过在西柏林的打工生活，三毛深知父母赚钱不易，父亲每日伏案而作，怎得知事后的腰酸背痛的艰难。

她到美国的第一件事就是找工作，在美国留学的堂兄并不看好三毛。

三毛除了会几门语言，空有苍白无力的哲学，在美国独自生活是没有什么凭仗的。

一个月后，三毛给堂哥打电话，告知生活很好，工作也已经找到。是在伊利诺伊大学法律系图书馆，负责各国书籍的分类。不是很困难的工作，三毛干得很轻松。

找工作那段时间，三毛确实辛苦，囊中羞涩得不能再羞涩了，工作还没有找到，也不想再去问父母要钱。

绝望的处境让三毛很是痛苦，贫穷无论在哪里都是很折磨人的。

绝望的一天上午，三毛低着头在学校里闲逛，摆弄脚下的石子儿，来缓解自己的无聊苦闷。

操场上，一个陌生的美国少年吹着口哨来到三毛的身边，奇怪地举起了手中的绿草，像珍宝一样的姿态。

少年笑着看她，说："对，微笑，就这个样子，嗯，快乐些。"

三毛微笑了。后来她找到了工作，并把那棵草珍藏在书页里很多年。

那里还有一个男生，会帮三毛拿行李，领三毛逛校园，给三毛讲美国的生活。

那是三毛堂哥的朋友，堂哥拜托他照顾三毛。他照顾得很好，不仅关心身体的冷暖，还细心到内心的寂寞。

三毛虽然是有情，但并不是多情的人，她也只是把他当作朋友、哥哥一样对待。

后来，三毛回了台湾。堂哥的朋友把三毛送到了机场，这时，三毛已经二十九岁了。

台北，养了三毛十五六年的故乡，它的一切都融入三毛的身体里，不论是崇高还是卑琐，它的清纯与浮躁，还有那一丝丝忧郁和欢舞。

溶于血脉的乡愁，这些年在异国他乡，深深思念的地方。很多次入了三毛的梦，三毛梦到自己飞奔到故乡的怀抱，却只见一片汪洋的大海，滴入自己的泪。模糊了双眼，什么都看不见，看不透。

在台北，三毛当了一个教德语的教师，她是庆幸的，在德国每天苦修十六个小时，换来的是可以赚钱的工作。

三毛喜欢课后去一个叫"明星"的咖啡馆，暗色的光线发出莹莹的暗蓝色光，不是那种冰冷强硬的、柔和的、很伤感沉郁的气氛，是暧昧的好地方，也是离别分手的好去处。

三毛在那里享受一个人的安静时光，一个男人打破了这种宁静。那是一个瘦削的身材，微卷的黄发，暗黑色的皮肤，还有一双坚韧的手的男子。

我是一个画家，当然，这只是我个人赋予自己的称谓，他介绍说。

三毛去看了他的画，虽然没有一幅够得上大师级别，但是三毛都认为那是极好的、上乘的。她没有意识到她爱那些画，是因为她爱那个人。

三毛又一次坠入爱河，看画人与画画人的一段情缘。

那个男人的骄傲，那个男人的颓废，那个男人的一切，在三毛眼里都是别人所没有的美，即使那些陋习也是未经整饬的人性。

三毛的爱爱得深沉，爱得纯粹，爱得以身相许。

那个画家终究不是三毛最后的彼岸，在举行婚礼的前一天，一个晴天霹雳，三毛赫然发现她的恋人已有了家室。

爱情有时候真的要靠运气，一厢情愿是不行的。要有追求幸福勇敢的心，还要你的对象一样虔诚才行。

邂逅荷西

那一年，雪莉的芳香，传到了十里巷外，独特的味道，清凉的凛冽，就像西班牙人一样，热情与顽强。

三毛来到这个妖娆的国家，展现和它一样的美丽。马德里，是一个快乐的城市，三毛和那些快乐的人呼吸一样的空气，心情也是愉快的。

在这里，有人给了她甜蜜的爱恋，给予她一生的浪漫，怀念天长地久的温柔，他还给了三毛一个永远不能被取代的家。

那个人是荷西，一个马德里男孩，英俊、洒脱。

他的名字是 Jose Maria Quero，荷西是三毛为他取的名字，三毛把他译为：荷西·马利安·葛罗。

荷西出生于西班牙南部的哈恩省，父亲名叫以撒，母亲叫玛利亚，与圣母同名，那也是一位慈祥伟大的母亲。

他的家庭一共有八个孩子，荷西排名老七，上有两个哥哥、四个姐姐，下面还有一个妹妹。

以撒在哈恩省安达露西亚有大片橄榄树林，可以维持生计，生活还算不错。

荷西出生在1949年的比利牛斯山麓。那是伟大的一年，中华人民共和国成立了，只是荷西在西班牙，没有感受到中国人的喜悦。

在大洋彼岸的三毛已经六岁了，荷西从不觉得出生在这一年有什么，但他后来后悔了。

如果他也是1943年出生，或者更早，他的爱情不会这样历尽磨难，他也不会爱得这么痛苦，他还可以与三毛有更多的浪漫生活。

可惜，生活没有如果，如果出生不能改变，那男人的成熟也是可以被后天塑造的。

大多数的西班牙家庭信天主教，荷西一家也不例外。只是荷西信得没有三毛那样虔诚，每天晚餐过后的诵读，荷西总是会设法逃得越远越好。

他是不太相信这些的，但是后来他心中有了一位女神，他对她的信仰风雨无阻，时间不改，可以虔诚得以命相许。

那就是三毛，荷西一生唯一爱的，最爱的女人。

荷西不是一个优秀的学生，从小学到高中，每年的成绩都不会有不及格的记录。但他不是一个坏学生，荷西从不逃一节课，在他眼中，上课就是天大的事。

但是他为了见三毛一面，他却逃课了。

荷西很英俊，也很善良，他单纯的肩膀给了三毛最纯粹的安全感。

第一次见到荷西，三毛就怦然心动了，但他是那么小，比她小太多。

三毛停止了那种别念，她把荷西当作一个善良的弟弟，帅气的男性朋友。

三毛和荷西的相遇是浪漫的，符合三毛一切的浪漫心理，只是年龄差，把这场完美没有连成圈。

初识荷西，三毛在马德里读大学三年级，而荷西还是一个高中生。

那是一个圣诞节的夜晚，午夜时分，三毛在一个中国朋友家里过的。

朋友们在干杯的时候，楼上跑下来一个男孩来祝平安。

这是那个国家的习俗，在平安夜、圣诞节，大家会互相道贺，就像中国的拜年一样，把最美好的祝福送给别人，即使是陌生人和路人，也会收获别人最虔诚的祝愿。

那个男孩戴着一顶法国帽，有很英俊的面容，还有很开朗的笑容。

回眸的那瞬间，三毛就有一种触电的感觉，她想：真是一个英俊的男孩，如果做他的妻子绝对是很幸福的，很满足虚荣心的。

三毛毕竟过了为美男子而着迷的年龄，她渴求的是那种心灵的美好，两颗心彼此靠近的温暖。

女孩无以为意，男孩却一见钟情了。

那时的三毛肯定是很快乐的，眼睛睁得那么大，里面荡漾着柔和的碧波，反射到平面的美丽。

荷西接收到了少女闪烁的波光，一刹那，就立即融进荷西刚喝的那杯又香又浓又纯的葡萄酒里，荡漾出妩媚的醉意。

那个黑头发黑眼睛的姑娘是荷西最完美的梦中情人，她点燃了男孩内心对爱的渴望。

那一年，荷西还不到十八岁，一个高中三年级的学生。

三毛和荷西发生一次次的邂逅，成为一对快乐的玩伴。荷西却知道，这不是缘分，是要靠自己争取的。

天知道，安排每一次的相遇，都是那么精心的刻意，还要不留痕迹。

他会跟着三毛走过整整两条街，然后在某个相对的路口突然出现，也会悄悄地跟了几个小时，但最后仍没有上去说一句："嗨，这么巧，怎么你也在这里。"

该隐瞒的事总清晰，千言万语只能无语，爱是天时地利的迷信，只是一句，原来你也在这里。

在公寓的后面，有一个很大的院子，那是三毛和荷西娱乐的天地。

晴朗时，他们就在那里打棒球；下雪天，就在院子里打雪仗。

两个人还总是骑一辆摩托车出行，三毛坐在荷西的身后，青涩的男人身体的温暖从相靠的部位传过来。

三毛想：如果他再大一点，如果我再小一点，这就是我永远的怀抱了。

荷西喜欢在摩托车的观后镜中看三毛随风飞扬的头发，喜欢看三毛灿若春花的笑脸。

心里是满满的，甜甜的，糖果的味道都快满得溢出来了。

但是现在荷西的心是空落落的，有多久没有看见那张春花灿烂的笑脸了，美丽的女神已经消失很久了。

一个星期，漫长得仿若一个世纪，荷西已下了地狱，又重回人间，仍没有发现那个人的身影。

三毛的心中燃烧着爱情，可是爱情的火苗忽明忽暗，荷西那么小心翼翼地呵护她，最后还是熄灭了。

不在三毛身边的时候，硬币就是荷西最好的陪伴。他会把口袋里的钱拿出来，像葛朗台数着自己的钱一样，神情专注而幸福，一枚一枚地数，一遍一遍地数；轮回的爱，一遍遍地研磨，更加香醇。

看着黑板上的字，看着看着就出现一个轮廓，那是三毛的面孔，嘴角带着浓浓的笑意，在向荷西招手。

讲台上的老师讲得唾沫纷飞，身边同学的笔在纸张上唰唰地滑动，这一切都与荷西无关。

他又看向窗外，每一片天空，每一片云彩，每一棵树木，都有三毛的存在，她的笑容，她的悲伤，她的美丽，荷西都记得清清楚楚。

思绪回放，相见的每一个场面，三毛高兴的时候喜欢拉着他一起奔跑，伤感的时候就靠着他的肩膀。

我是如此清晰地、认真地记着她的每一个细节，她会吗，哪怕只是一点点。荷西难过地想。

后面的同学戳了一下荷西的背，是向他借笔。荷西突然觉得很烦，一股无名之火就蹿了上来，他想直接凶巴巴地吼他，可最后他还是把笔借给那位同学了。

甩过身去，同学看着荷西的背影，感觉莫名其妙。

看着书本上越来越大的三毛的名字，最后整个页面上全是三毛，密密麻麻的快把荷西湮没了。

荷西越来越烦躁，见不到三毛，每一刻都是煎熬。平时做完作业，荷西都困得不行，躺下来就睡，但是这些天，他失眠了。

爱情就是有如此的魔法，可以把一个正常不过的人变得莫名其妙，失去理性。

三毛喜欢拾荒，有时会为了一个螺丝钉而兴高采烈，她什么时候也把他捡回家呢，丢了心的他需要主人的安慰。

荷西想着想着，突然一股酸涩涌上来，我是如此地想她，她呢，她会想我吗，她知道有一个人已经为她着了魔吗？

他不得不连续做深呼吸，怕胃里的酸涩会涌出来，化作眼泪流出来。

他不能哭，他要做一个成熟的人，这样，三毛便不会嫌弃他是一个孩子了。

三毛总是喜欢用大姐姐的口吻和荷西说话，天知道荷西心里是怎样的痛苦，他不要当孩子，他是一个男人，三毛这个女人的男人。

黑板上的字在对着荷西乱舞，数学老师也讲得神采飞扬，已是到了高潮部分，就像困扰已久的谜语到了公布答案的时刻，荷西无法感受到那份快乐。

他的感官，他的一切，都在感受三毛，抽不出来。

没有等到放学，荷西就逃了出来，他放弃了学习这件天大的事，去做另一件比天还大的事。

他来到三毛住的地方，三毛是与别人合租的。

三毛茫然地抬起头来，表弟，怎么会有表弟，她在这个城市只是孤身一人的。

室友描述了那个表弟，英俊的样子，带了一顶法国小礼帽，有着很暧昧的笑。

三毛这才意识到，"表弟"并不紧紧是指亲属关系，在西班牙用语中，而是带有嘲弄的暧昧的意味，就像中文里的"阿哥""阿妹"一样的称呼。

那就是荷西了，已经一个星期没见过，在快要忘记这个人时，被人提醒起来，记忆会受到更大的冲击，她的记忆中他竟然占有这么多。

一个男孩站在树下，手里拿着那标志的帽子，看见三毛来了，把帽子向三毛挥了挥，像一个绅士一样从容。

在等待的过程中，荷西的心七上八下地跳个不停，还把那个帽子捏出水来，可是当看到三毛下来，所有的羞涩和窘迫都一扫而光，充满了分外喜悦。

三毛对着荷西的胸膛就是一拳，还怒气冲冲地责怪荷西为什么逃课。

这就是三毛的独特方式，荷西已经习惯了，有时候男孩子一样的性格，却有一颗很敏感很容易受伤的心。

"上课简直太不好玩了，我可不愿意像那些笨蛋一样傻乎乎地坐在那里。"荷西故作成熟，用一种老气横秋的语气回答。

三毛只是觉得既然上学了就要好好上课，逃学算什么，但她是个例外，她只是站在一个大姐姐的角度为这个小弟弟好。

三毛是与荷西讲过自己的那段逃学日子的，当然是用很嘲弄的语气来讲的，把其中的欢愉大肆渲染了一番，而老师的羞辱和那七年休学的痛苦在如今的讲述中也不算什么，说着，三毛竟也无意识地生出些英雄气概来。

三毛惊讶于荷西没有出现应该有的表情，惊讶、好奇、好笑，三毛偶尔还会诙谐地幽默一下，但荷西都没有反应，只是眉头一直深锁。

渐渐地，声音小了下来，又停了，三毛被荷西那严肃的神情弄得心里发毛，却还是不懂他怎么了。

荷西最后重重地叹了口气，把三毛揽进怀里，你的逃课一点也不好玩。对了，只有把她真正放在心上的人，才会看穿她面具下的愁苦哀容。

荷西的煞费苦心，成熟的话，没有效果，很是挫败。

最后，他们还是一起出去玩了，三毛是喜欢荷西陪着的，显然刚才那番话也只是尽义务所说的话罢了。

荷西拿出他全部的积蓄，买了两张电影票，他们是一起走着去的，因为14块钱只够买电影票的。

爱的路上，有个人陪着，再远都不会累，疲惫的时候想着身边还有一个可以依靠的人，这一生，一直走着，足矣。

三毛独自到西班牙求学，钱都是家里资助的。而荷西的家庭家教甚严，零花钱也给得很少。

囊中羞涩时，去逛百货公司是很尴尬的。两个人则去拾荒。三毛对于拾荒有很严重的嗜好，而荷西爱屋及乌，也喜欢。

那个戴法国帽子的男孩就成了书院宿舍的常客，逃课上了瘾，总会隔三岔五地来找三毛，相熟的人看见荷西，也总会叫他一声"表弟"。

三毛每一次见到都要先斥责，然后再问去哪里玩。与这样的一个英俊男孩子一起玩，是很满足虚荣心的，与荷西在一起，三毛真的很快乐，那些上课什么的都不重要。

爱情的火苗正肆意地燃烧，烤热了炽热的荷西。三毛是那样美好，追求她的人那么多，他不能再等待了。

荷西向三毛求婚了，索要六年的时光，四年大学，两年兵役，只要等他，他回来便为她圆一个梦。

一生平凡，一生浪漫。

两个人住在一栋小公寓里，丈夫去外面赚钱，妻子在家为他做饭，饭后两个人牵着手一起去散步，一直走到头发都白了。

三毛心动了，这就是三毛最圆满的梦想，在台湾时，她的梦是属于那个才子梁光明的，她的初恋。

这个梦这个西班牙男孩是不能给她的，因为他从来没有进入这个梦，不谈论年龄的问题，爱情还没有到来。

三毛逃开了，她不忍伤害这个纯情的西班牙男孩，她知道单恋的痛苦，她想为他解脱。

一股想要流泪的冲动，因为三毛对那个男孩说了很伤人的话。十八岁的男孩，和一个二十四岁的女人是不会有什么结果的，不管怎样做梦，做的是什么梦，也会醒的，现实就是现实。

六年的时间对于三毛来说实在是太长了，她喜欢自由，喜欢新奇，她不知道那个时候她又会在哪里，又会进了哪个人的梦，并且想把它实现。

三毛竟然说不要再来缠着她，对那个还在怔怔的男孩下了狠话，男孩竟然在寻找是自己做错了什么，他什么也没做错，带给三毛永远新奇的喜悦和放松的快乐，他唯一错的事情就是爱上了三毛，那个狠心的女人。

男孩慢慢地跑起来，一面跑一面回头，还挥着法国帽，笑眯眯的眼睛，把眼泪留在了眼眶里。

谈话的时间很长，天已经很晚了，三毛看着荷西慢慢在夜色中消失。

马德里是很少下雪的，但这天下雪了，皑皑的白雪在黑色的夜里飘落，三毛也不知是什么滋味，但她很想开口叫荷西回来，可是，她没有。

三毛交了男朋友，和荷西也碰到过几次，但荷西真的遵守了那天的话，他只是按照西班牙风俗和三毛礼貌地握手，然后轻吻她的脸颊，很绅士地和三毛的男朋友打招呼。

这样的场面荷西很难受，远远地看见，他都想要逃开，但是他想她，他想再见她一面，每次都安慰自己是最后一面。

三毛后来还是离开了西班牙，离开了那个总是戴着法国帽子的西班牙男孩。

离开，是最好的办法，当执着不在眼前，就看不到希望，就无法努力，三毛以决绝的背影，断了荷西的念，丝线缠身的痛苦谁愿忍受，只是已经进了骨髓，无法分离了。

重逢在马德里

襄王有意，神女无心。女神流落凡尘后，自然要回自己的家，独留一人黯然神伤。

三毛跟着她的德国男朋友去了哲学的故乡，在西班牙留下一段怅然。

六年，对于一个二十几岁的女子那就是最好的年华了。三毛没有遵守这个约定，事实上也没有答应，荷西的一厢情愿仍然在执着地坚守。

在德国，三毛得到了几个男孩子的爱恋，最后也都无疾而终，由陌生人又做回彼此的路人。

美丽的台湾岛永远是三毛的最爱，心中的港湾。在外地，那黑暗波潮的涌动，不断地出现在三毛的梦里，梦里的水穿越洒在了枕前。

三毛回台湾了，不再流浪了，三毛是自由的，是洒脱的，但也是一个女子，渴望安定的生活，向往甜蜜的爱情，怀念坚实的臂膀。

这时候荷西又出现在心里，那个昔日的男孩子已经长大了，留着长长的胡子，几乎遮住了半张脸，有种粗犷的成熟意味。

那个男子站在白色沙滩上，只穿着一条泳裤，拿着一把鱼叉，笑嘻嘻的，被夕阳染红的脸，身后是碧蓝碧蓝的海，接着白色的云彩。

阳光照在魁梧的身体上，周身的汗毛都是金色的，闪着古铜色的光芒，三毛说，这就是希腊海神嘛。

荷西毕竟还是荷西，他还有那份独特的天真，还有一颗等待爱的心，是不会放弃尘世去成佛的。

这张照片夹在一张信纸里，纸当然不是空白的，那里有那个男孩的深情告白，还有那个六年之约。

如今，六年已过，那个男孩赴约来了，那个三毛并不想遵守的约。

过了这么多年，也许你已经忘记了西班牙文，可是我要告诉你一个秘密。在我十八岁那个下雪的晚上，你告诉我，你不再见我了。你知道那个少年伏着枕头流了一夜的泪，想要自杀了。这么多年来，你还记得我吗，我和你约的期限是六年。

那个男孩拿着写完的那封信又是哭又是笑，六年的等待，无奈的绝望，他不会想到三毛是这样冷漠地对待他那封信的。

一个陌生人尚且会回话，即使是拒绝，但三毛真的绝情至此，没有只字片语，只是一句转达，收到信了。

那头还在高兴不久重逢的男孩，还不知，他那颗真爱的心已经被处决了，痛得叫人麻木。

即使知道，他又能否经得起这次打击，收起破碎的心，继续交到三毛的手上，任她蹂躏，任她践踏。

三毛会在夜里无眠，白天无精打采，是的，她寂寞了。

你是一个很寂寞的人，不知道是谁曾经说的话，三毛一点点地想那个人。

那个人站在草地上，映着星光，和一个少女对望。模糊的五官，但那轮廓是在千万人中也不会忘记的。那是舒凡（梁光明的笔名），三毛的初恋，那个梦的男主角。

那个安抚寂寞的三毛的人，那个给了三毛人生的第一次爱恋的人，那也是一个到最后把三毛无情抛弃了的人。

三毛又开始了她的恋爱路，她想找的一直是一个可以陪自己走到天荒地老的人，却伤感于每个都是路人。

咖啡店的好胜心理，你情我浓，最后被爱情俘虏。德国教室的温柔缱绻，爱意深深，停止在死神怀里。

三毛又一次走入了人生的低谷，当亲爱的未婚夫因心脏病发死在自己怀里的时候，她的心也跟着死了，与自己心意相连的人，呼吸在片刻间就停止了。

为什么茫茫人海遇不到对的人，当有那么个人想与她执手到老，命运却又是如此地捉弄人。

葬礼过后的三毛异常沉默，饭照吃，觉也继续睡。但没人知道，饭后那些饭都被呕出来，睡觉也只是闭着眼睛在流泪。

她就像是一个木偶人，没有自己的思想，僵硬地跟着指令走。

沉寂了许多天以后，她终于主动开口说话，她说她要去逛街。大家都以为这是一个好的开始，父母心里悬着的石头也终于落下来了。

她逛街没有去买任何东西，最后，带了一瓶安眠药去朋友家。

情深缘浅不得已，只求生死在一起。

当朋友接完电话，一身黑纱的三毛躺在地上，身边是散落的白色药片，嘴角挂着凄迷的笑。

她并不主要是去找她的未婚夫，她是想逃离这个世界，这个世界太残酷，太悲伤，欢乐太少。

三毛一心求死，但上帝却偏偏要她活着，第二次的自杀未遂，原来死也并不比生容易，既然死不了，那就活着吧。

醒来的三毛看见越发苍老的父母没有丝毫的愧疚，她只是怨他们对她太残忍。

病房里白色的天花板，三毛专注地盯着，虽然上面什么也没有，只是一片白色。

活着，生命就在走动，命运就不会停止。存在着已在的伤口，等待着未来的利刃。

生命的经历让三毛体验活着就是一场痛苦的等待，喜怒哀乐尝遍，繁华落尽之后，难逃的是最后的悲哀。

不能躲也不能遗忘，因为生命就在那里，一点一点地向前走。

天下没有不散的筵席，喜悦和悲伤，一切都会消失，死亡是最后的结局，它结束了这场漂泊，不会再受伤。

当三毛收拾爱后，重新扬帆起航，她的心里依然是这样认为的，死亡的渴望依然在内心潜藏。

父母对三毛能够重新振作是欣喜的，是骄傲的。他们希望女儿能重新面对生活，不再逃避。

父母的爱是伟大的，是自私的，他们忽略了孩子的意识，孩子的心态。

三毛还是悲伤的，她不能做出一副欢快的样子，她是个认真的人，她不能忍受在自己的父母面前都要把自己伪装。

她逃了，又逃到了西班牙，三毛的第二个故乡。三毛就是那样倔强的脾气，谁也劝不住。

父母虽然依依不舍，但还是红着眼睛把三毛送走了。相比于七年前，看着头也不回的三毛，伏在栏杆上。

对痛哭的母亲来说，这次倒是坚强了许多，挺直的脊背看着三毛没有留恋的背影。

七年前，西班牙接受了那个为情所伤的女孩，七年后，这个女人，带着更大的悲伤又回到了这个国家。

马德里，三毛又回到了这个城市。相比于第一次离家的哀愁，现在有的却是归乡的喜悦，她的第二故乡，一直包容着她，没有给她痛苦，也没有给予伤心绝望。

三毛再次来到这里，不是为了求学，爱情也已埋葬在台湾，她只是来生活，来享受。

那些放纵的肆意的日子，心都不会受到约束。

三毛找了一份教师的工作，薪水不高，但是一周只有四小时的课，是教英语的，这对于喜欢自由的三毛来说还是很惬意的。

她享受都市单身女子的生活，放浪形骸，极快活。去看歌剧，逛夜店，一会儿是名媛般的淑女，一会儿又变为摩登女郎。

生活就是在享受，别只扮演一种枯燥的角色，三毛觉得在某种场景里，给人某种形象才是最美好的。

如果不是荷西的出现，三毛想，她会一直维持这样的生活，直到她老了折腾不动了为止。

一个歌剧散场后，三毛碰到了一个相识的女孩。那是荷西的妹妹，伊丝帖。

那是个热情的女生，她一直跟三毛讲话，当然，讲话的内容是离不开荷西的。

伊丝帖那个苦命的哥哥，为了三毛痛哭，因为三毛颓废，他的一切痛苦都源于三毛。

伊丝帖应该是恨三毛的，但是她更希望他哥哥快乐，可以得到幸福，一切与哥哥的幸福相比就都不重要了。

三毛被伊丝帖将了一军，写了一封信给荷西，本来是不想联络他的，过去的人和事，总会很容易让人想起过去的伤悲来。

但现在也无可奈何，信也是很简单的，只有一句"我回来了"和一个地址。

至于荷西收到信时里面的电话，那是妹妹给写的。信，竟然也是用英文写的，荷西是不懂英语的，那封信后来在他所服兵役的营里传遍了，还是没有弄懂那一段简短的话的意思。

伊丝帖走后，三毛继续沉浸在香醇的红酒里，寂寞的夜衬托得她更美丽了，但那一池春水却被一个叫荷西的人扰起了波澜。

寂寞的夜里，无人来打搅悲哀，也无人来探望美丽。

荷西给三毛回了一封幽默风趣的信，一个漫画版的荷西。但同样的是，三毛并没有回信。

荷西打了一通长途电话给三毛，细数他的爱恋，细数他的悲伤，还有念念不忘的即将到期的六年之约。

荷西回来的那天三毛没有去，荷西是告诉过她的，但她没有在意。

玩到日落之后才回来，室友说一个男孩的电话打了几十遍，很是焦虑和不安，三毛正在猜是谁的时候，一个女性朋友打电话来说有很重要、很紧急的事找三毛。

三毛赶紧乘出租车到了那里，女友拉开了门，把三毛拉了进去。

三毛觉得朋友看她的眼神很奇怪，还有几个朋友也是一脸异样地看着她，很神秘的样子。好像有什么宝藏等着三毛去发现一样。

三毛的眼睛被蒙上了，然后被慢慢领着进了客厅。三毛内心是警惕的，谁知道这些朋友拿什么样的玩意儿来吓唬她。

她突然被一双手臂围住，惊吓得睁开了眼睛，竟然是荷西。不见时的淡漠都没有了，这一刻很兴奋。

荷西把三毛抱着转圈，飞扬的长裙，灿烂的笑容，那一刻，真的很幸福。

故事到这里还没有结束，他们又重新相遇了，但丘比特的箭还在弦上，没有发射，荷西的爱情之路还没这么快得到圆满。

他们像青涩的少年，在确定关系前，互相触碰，互相寻找彼此的底线。

对照彼此的空间和时间，对比自己的优点和缺点，三毛对和荷西的婚姻还是抱迟疑的态度，她不确定是否真的可以和这个比自己小这么多的人过漫长的一辈子。

情定荷西

一生有他，婉约相伴。不羡仙侣，只愿定格不老今生。

佛说，五百年的修炼，才换来今生的擦肩。五百次的擦肩才会换来今生回眸。三毛的情债何其多，三毛的情缘纷繁。

难怪三毛要如此奔波，走在不同的角落，这是一种还债，那些今生不能相许相守的人，把情缘还尽，来世便不必再见，便不必尝得到却留不住之痛，相思彻骨，疼痛入心。

与相同人，与相知人，与相爱人，共度一生亦是天大的福分，又岂敢再奢求来世、生生世世。

1972年的冬天，三毛在圣诞前夕又走了，去的是赛戈维亚，那个古老文明的城市。

古罗马的建筑，欧洲的古老风格，就像是艺术的前夕，这个城市的艺术是在等待着爆发的。

三毛在那里有一个朋友，夏米·葛罗，他有个弟弟叫荷西。

那是一个搞艺术的人，开了一家发廊，曾经做的雕塑也在马德里展出过，但都由于种种原因错过了。

三毛对艺术人总是有过多的青睐，可能是自己受的伤太多，艺术家又都太自由洒脱。

她要去那里体验欧洲的桃源生活，那里有古老的楼，还有纯朴的人，三毛去那里感受不受拘束的时光，逃避人世的悲哀。

那个"人人之家"，有说美国口音西班牙语的约翰，还有来自浪漫之都法国的拉蒙，那个盘腿在地的正逗弄腿弯之间的小婴儿的是埃度阿陀，还有穿着非洲服饰的瑞典女孩乌拉苏。

一切都很合三毛的胃口，这样的地方，在这样的人群当中，她真的很享受，逃脱了世俗的放松。

他们用自己的方式生活，三毛是喜欢颓废调调的，那种举手投足的慵懒，嬉皮的玩世不恭，但他们显然是不赞成这种方式的，他们热爱生活，对生活认真。他们只是对社会的这种秩序叛逆，但是对于生活他们是绝对尊重的。

三毛为自己的肤浅感到惭愧，人世间不只好人和坏人，人生不只是华丽，低调也是一种简单的炫耀，就像深沉是静的美。

有缘分不只相会一次，三毛又在那里遇见荷西了。

走廊的过道上传来了沉重的脚步声，三毛探头，和荷西的目光相对，刹那的惊异，深情地对望。

荷西因为刚刚服完兵役，头发剪得很短，就像一只刺猬，加上那蓬蓬的要遮住半张脸的胡须就更形象了。

众里寻他千百度，蓦然回首，会发现，原来你也在这里。

荷西看见三毛开心那是一定的了，找了好久，寝室也不在，要不是知道三毛的行李还在，肯定早就天涯海角地追去了。

三毛看见荷西也是开心的，大大的笑容一直不断，她也不知道自己是种什么心态。

她的生命不需要荷西参与，甚至也不对他抱有希望，甚至在来电话时，还会让室友帮忙撒谎说不在。

奇怪的是，不管如何躲避，怎么不想见到，只要看见那张纯真的暖暖的笑脸，心情就会突然很好，和他在一起很快乐，非常有意思。

有三毛在身边，荷西在哪里都是幸福的，他们慢慢地走，看一排长长的古老房子，坐在长椅上，看来往的路人。

面对荷西，三毛是惊慌的，她害怕自己会掉进荷西温柔的旋涡里再也挣扎不出来，而恐惧中又泛起涟漪般的内心渴望。

荷西是个直爽的人，他希望三毛和他开诚布公，很多次打电话，他是知道的，他能感觉到三毛就在旁边，可是她对他逃避了，她让他的期盼不断落空，她也无数次把他的喜悦打入谷底。

曾经青涩的少年已被岁月磨炼，只是神色言辞间那抹动人的纯真还显现着，英俊，带着小羞涩的可爱。

一句你不是我爱情中的人，但你却是给我友情最丰富的人，这个让荷西又爱又恨的三毛，竟然能说得那么理直气壮，荷西不能反驳。

他喜欢三毛，但他不会去诱惑她；他爱她，但不会去纠缠她，他希望给她自由，让三毛在自由的过渡中接受自己。

寒冷的冬天，一件抗寒的棉衣，就彰显出男生绅士的温暖体贴，荷西永远是这样，不多言语，但他用实际行动来感化你的心。

有相聚就有分离，这次的离开是为了下回能更好地相聚。终于到了离开的日子了，那一晚，三毛哀愁了一夜，她想停下流浪的脚步就在这里生活，但是不能。

每个人都有自己的生活方式，不一定是最好的，也不一定是最幸福的，那只是相对来说适合自己的，已经适应了一种形式，人生变化无常，谁也不知道哪一种就会好，安分守己吧，维持着现在的自己就好了。

约定好的夏天再会，三毛自己亲口许诺的，虽然她知道她可能永远都不会实现，这样保证了别人的存在，也保证自己期望的幸福可以去实现。

三毛认为自己的幸福永远是这样遥不可及，如同永远等待不到的青鸟一样，只是一种奢望，留给自己一个念想。

黯然的沙哑，三毛一直是一个情绪极端化的人，上一刻还在开怀大笑，下一秒熟悉的落寞就会落入她的眼底。

三毛在沉默中，记忆又回到了往昔，一切的过错都来自爱情，它几乎主导了生活的不幸，可是没有爱情，生活不幸得连不幸的权利都没有了，还是一样的不满足、不快乐。

荷西的幸福从赛戈维亚之后就一直有蔓延的趋势，三毛不会再躲着他，他可以和三毛去约会，而不必担心三毛爽约。

三毛是顺其自然的，一切随缘的，出去了一趟回来，对这场爱情也不再那么抗拒，既然生活有悲有喜，那为何和荷西就一定不会有好的结果呢。

两人的接触逐渐增多，感情也在渐渐加深，荷西也打算乘胜追击，在这个好时候，再一次表白，把三毛彻底征服，从此她只属于一个叫荷西的人。

一天，荷西把三毛邀请到家里做客，展开他爱情的强烈攻势。

荷西把三毛当作神一样来供，整间卧室里全是三毛的黑白放大照片，但照片已经泛黄。

黄昏的夕阳从窗户照进来，透过百叶窗，金黄色的柔美的阳光洒落在照片上，投下一道道光纹，一种说不出的浪漫情调。

三毛是感动的、惊异的，照片中的自己还是短发的模样，三毛当然记得她没有给过荷西任何一张照片。

有心人自会做有情事，这些照片是偷来的，荷西说得那么光明正大，沾沾自喜。为了爱情就要不择手段，就要不怕付出，当然不能超过法律的底线，那样，即使达到目的了，却还是无法厮守。

年少的荷西就对三毛喜欢甚深，他需要有一个寄托，他小心翼翼地做贼把心上人的照片偷来，满屋子都是，被家人说精神病了，也不顾，他想，那个人本来就不在，要不看着那些照片，他怕会忘记她，他想永远把她记在心里，不至于思念成狂。

荷西，深深地爱着三毛。可他从来没有要求什么，他对三毛一直是放纵的，甚至为了她，他可以不去见她，不让她知晓自己的思念。他爱得很苦，很艰难，却也无怨无悔。

七年，这么漫长的时光，连照片都发黄了，里面的人也渐渐变了容颜，但荷西的爱依然没变，哪怕沧海桑田，依然固守自己心中的那个角落。

也是七年，三毛追逐了太多的爱情，有欢笑有分离，最终却都以悲剧结局。她的爱经历了太多的沧桑，不停地追寻、渴望，但在跋涉过千山万水后，荷西还静静地在原地等待。

看着墙壁上的画，声音哽咽，酸涩涌上心头，三毛努力地想把泪忍住，一直看着天花板，那儿也有自己。

　　突然，她转过身，深深地望着荷西，看进他的眼里，他的心里，你是不是还想结婚。

　　一个天大的喜悦砸在了荷西的头上，一片空明，他虽然想要用温情路线感动她，没想到会是今天这样的突然。

　　惊喜了，惊呆了，他一直看着那张带泪的容颜，与人定下一世的约定是如此美好。

　　等了六年，盼了六年，六年结束了，再也不会接受那些孤单的日子了。

　　幸福的突然来临，竟让人这样手足无措。

　　不，不，还是不要了，三毛嘴里说着胡言乱语，又掩面哭泣起来。在幸福面前，她又想转身而逃，她对爱情永远有一种渴望而又害怕的懦弱表现。

　　可是荷西不会再让她逃了，他把三毛的手紧紧地抓在手里，告诉她，我把幸福抓得如此之紧，你不要再逃避，再害怕。

　　在这个男子的怀中，就是幸福，他的怀里跳动着一颗真爱的心，他是来拯救这个不幸的爱人的。

　　永远等不到的青鸟，也会在这里停下，寻找安全的家，爱情不会再像海市蜃楼，给予一切美好的华丽后，最后又是黄粱一梦。

　　舒凡的无情转身，画家婚姻的欺骗，很多的追求者，三毛或者迷迷糊糊中接受，或者最后又逃开，都是因为遇到婚姻触礁了。

　　最后定格在德国教师。那张黑白照，挂在灵堂，他们说好要一起步入婚姻的殿堂，他却先走一步，留给了三毛未亡人的伤痛。

这一次，她还可以接受吗，破碎的心怎样弥补，即使最后又完整，还是会有破碎的痕迹和偶尔犯病式的抽痛。

她忽然就想，为何荷西不再顽固点，不再强势些，当初把自己留下，她就不会又增添这么多伤痕。

荷西竟然说用胶水粘起来，三毛撕心裂肺地吼叫，怎么粘，这些年来修补得还不够吗，总是旧伤没痊愈，新伤又来了。吸吮它，舔舐它，可是不管怎么修，如何补，伤口还是摆在那里，一道也没有少，甚至还会更多。粘起来？粘起来还是会有缝的。

可是她又是完整的自己了，荷西把他那颗黄金做的心给了三毛，给了她坚强不再易碎的心。

灼烧感从荷西的胸口传到三毛的掌心，又灼热到心里。

荷西，三毛这一声喊得凄婉，喊得急迫，是了，过去的真的可以过去，也该过去了，是该告别一切，把那颗破碎的心扔掉了，重新生活，割裂一切，再而立，那就是一个全新的自己。

三毛在荷西的怀抱里静静地聆听荷西强有力的心跳，这里是温暖的，是安心的，三毛在这里找到了家的感觉。

荷西也紧紧拥抱着三毛，这是他们相识以来，作为情人的第一个拥抱，这一切来得这样艰难，更要好好珍惜。

三毛柔软的身体紧贴着荷西，火热的感觉在两人之间流动，荷西感受他女人的每一处柔软，每一次跳动，那特有的馨香。

头渐渐低下，荷西的嘴唇先把火点燃在了三毛的额头，慢慢一点点地下移，最后点到了梦寐以求的鲜艳红唇。

急促的呼吸快要把三毛湮灭，热情的火焰快要把彼此灼烧，一种强烈的感觉冲撞着荷西的心，幸福，真的是很幸福。

七年的恋爱马拉松，如今终于到了终点，还取得了完美的成绩。

荷西的爱情似火，三毛柔情似水，水与火的交融，没有碰撞出激烈，只是交融在一起，没有让火熄灭，水分也没有全部蒸发，什么都是恰到好处，多一点嫌多，少一点还不够。

三毛那破碎的心换成了荷西黄金般的心后还是没有结婚，她还有一个心愿需要去完成。

她要去看一眼她梦中的情人，那个牵绕了许多年的梦，撒哈拉沙漠。

1973年2月，撒哈拉的西部还是西班牙的殖民地，一直到1975年。

那是世界上最大的沙漠，位于地中海的南岸，非洲的北部，北靠摩洛哥，东临阿尔及利亚，南面与毛里塔尼亚接壤，西面则是一望无际的大西洋。

总面积八百万平方公里，那里大约生活着七万人，主要居民是阿拉伯人，而荷西即将是那里的一员，三毛也会是。

漫无边际的黄色，终年无雨的干涸，漫漫的沙尘，一切的艰苦，也可以谱出一曲甜蜜。

那个时候三毛还在为杂志社写稿赚取生活费，里面有一篇介绍撒哈拉沙漠的，三毛看完之后，一夜未睡，她有一个愿望，成为撒哈拉沙漠的第一个女探险家，横穿这无边的沙漠，留下独属于自己的痕迹。

荷西自然是不会很高兴的，分离了这么久，如今三毛又要离开。他也有一个愿望，那是属于海洋的。

荷西已经从朋友那里借来了一条帆船，他要将浓烈炽热的夏天在地中海度过，那里有海神的故乡——爱琴海，浪漫爱情的聚集地。

他已经准备好了一切，去航海，跟三毛一起享受大海的奇妙。投入蓝色的怀抱，感受一切的神奇，享受六年爱恋的圆满成果。

鱼和熊掌怎可兼得，沙漠和海洋三毛都是喜欢的，一番犹豫不决后，还是选择了属于前世乡愁的沙漠，三毛是相信缘分的，相信命运的，内心也是一个如江南那般忧郁婉约的女子。

第四章

前世乡愁，爱在撒哈拉

沙漠婚礼

多少姹紫嫣红，都被菲薄的光阴给武断辜负，赏心乐事也被寂寞关在寻常院落里。留不住青春，留不住年华，爱情在这端那端永恒地存在，既然错过了昨日的那枝花，又怎能冷却了今朝的这壶茶。

三毛用一颗破碎的心换取了黄金般的心，许下了一生的承诺，却还是没有兑现。

她还有一个梦，还有一个浪漫的愿望，只看了一遍介绍，就被与西班牙一水之隔的撒哈拉沙漠触动了心怀，所不能解释的，前世回忆似的乡愁，莫名其妙地就想把这一切交付给那片陌生的土地。

荷西也在面临着抉择，有海洋就没有三毛，和三毛在一起就会失去那片蓝色天空。

他默默地作了决定，但他没有告诉三毛，他想给三毛铺好前方的路，想给三毛一个惊喜。

荷西悄悄地收拾了行李，独自去了沙漠，瞒着他的情人，他已经在沙漠申请好了一份工作。

荷西是在一家磷矿公司工作的，那时他住在公司的单身宿舍，但是还有三毛，他不会是独身，所以租了一间房子，为他的女神打造了一个家。

为了爱情，荷西成了一个在沙漠修行的苦行僧，甘心在这里受罪，但却不觉得苦，因为心里住着幸福女神。

三毛知道了，写信劝告荷西，却收到了一封发自肺腑的誓言。

两个人在一起，需要的是种种媒介，才能最终紧密相连，才能携手到老。友情、爱情、亲情，情系一生。

而荷西想和三毛在一起，把她留在身边，婚姻是最好的锁，他也是自私的。为了内心不再痛苦，不再患得患失，他给三毛上了一把锁，没有钥匙，但三毛是甘心入内的。

我们夏天结婚好吗？

这样的一句话，三毛想了一晚没睡。她去沙漠是探险，结婚那是根本没考虑过的。她将那封信看了近十遍，然后把信塞在裤子口袋里，去了外面散步，天明后，在住的那个单身宿舍留下了一个钥匙和一句话：我结婚去了。

三毛的心安定了，她不愿再流浪了，蝴蝶花花世界的生活对三毛来说已经无趣了，单身也该结束了，安静平和才是三毛最终渴望的。

拿起行李，直奔机场，三毛是急迫的，她想快速地到那个人的身边。

半生的乡愁，那寂寞的情人，内心的感触不能自已，在这片土地上，有自己情感的归宿。

三毛到达的时候，恰好是撒哈拉的黄昏，漫漫黄沙被渲染成了一片片斑驳的红，无边的空旷，寂寞的风在流动，近乎初冬的气候，在期待炎炎夏日的心情下，大地转化成诗意的悲凉。

撒哈拉的天是高的，地是厚的。血红色的沙漠，近乎凄艳哀绝，三毛有刹那茫然。

荷西的脸就在眼前，三个月的分离，好像给了荷西三年的苍老。乱糟糟的头发，连胡子上都有土屑。脸上被勾勒出一道道土色的纹路，连眼神都似乎含着隐痛的创伤。

三毛先是震惊，震惊过后就是心痛，心痛他的经历，拖累他的难过。透过荷西看着漫天的沙漠，孤独的寂寥要把心湮没，心疼他的这几个月。

荷西来到这里已经几个月了，这片沙漠除了黄沙还是黄沙，但和三毛眼中交会中的黄沙，他们的爱情要在这里成长，这里就要有他们的共同生活，他便又爱上了这里，沙漠的一切都变得有意义。

只有梦着对方的梦，爱着对方的爱，才能手牵着手，一起度过漫漫长日。

荷西牵着三毛的手，他们一起回到了他们的家。

打开门，入眼的就是暗黑的走廊，墙皮因为岁月而干渴，一直在脱落解脱。

荷西在背后抱着三毛，把她一步步地抱回家，那是他们的第一个家，第一次成立的家。

抱进去，这段路走得神圣，走得激情，就像是一个誓言，只要把心爱的人领进家，那她以后就是太太了。

三毛没有让荷西如愿，从那个温暖的臂膀中挣脱下来，就自己跑去了屋子，那个走廊已经走到了尽头，转身之后，那就是真正的家。

荷西突然问了三毛一个奇怪的问题：你要嫁一个多少钱的丈夫？

"看着不顺眼的话，千万富翁也不嫁；看着顺眼的话，亿万富翁也嫁。"俏皮的话却让荷西的心慌乱了。

怎样说，都是有钱的人，而荷西从来就不是一个富人，甚至算是贫穷户，连房子都是租的，还是漏了一个洞的。

当然这只是说经济方面，荷西的精神可以说精力旺盛了，他能跟得上天马行空的三毛，就足以证明不俗了。

荷西仰躺在客厅的破垫子上，透过天花板的窟窿看外面的天，哎，这里的一切都在证明与富相反的那个字。

三毛坐在了荷西的身边，我总是想嫁个有钱的，不过，还是有例外的时候。在你身边只要吃得饱就行了。

那你吃得多吗？

三毛小心地回答，不多，不多，以后还可以少吃点。

两人心有灵犀地"嘿嘿"地笑起来，拥有爱情的婚姻没有太多的许多，只要那个人是对的，那么一切就都是可以的。

三毛推开要拥抱的荷西，跑到厨房去了。欣喜的心情中顿时就加了苦涩，残破的厨房，几副不新不旧的碗筷，水龙头还在滴着墨绿色的水，也不知道算不算得上是，只是一滴一滴地滴答着。

可喜的是，荷西竟然还养了一头羊，这样在早起的清晨可以喝到一碗浓香的羊奶也是非常不错的。

安顿好一切，荷西便着急地领着三毛去结婚登记，好不容易得来的幸福一定要紧握在手中，把蜿蜒的红线放进掌心，一起缠绵下去，直到生命消痕的那一刻。

法院里的人很少，里面坐着一位老秘书，头发全白了。荷西他们去询问，还真是震惊了好大一堆人，他们是那里第一对去结婚登记的。

撒哈拉沙漠居住的人，有他们自己的风俗，而且也没有白人去法院结婚的，而这对异乡人仿佛天外来客，让大家震惊了。

老秘书抱来一大摞书籍，还把上面的灰掸了掸。缓缓揉了揉眼睛，就开始找书，一边翻找，一边琢磨，终于弄清结婚需要哪些文件：出生证明、单身证明、居留证明、法院公告证明……

三毛的文件证明还要麻烦一些。

马拉松式的文件旅行，三毛一向是嫌麻烦的，这么多马拉松式的文件旅行，至少需两三个月。

三毛对这些麻烦一向头疼。问荷西，是不是不要结婚了？荷西轻轻地摇头，他结婚的决心坚如磐石，什么都不能改变。

没有办法，荷西慌忙地请求老秘书能否快点，他对这一纸婚约已经渴望了太久。

焦渴的心让老秘书动容，他还有些惊讶地瞄了一眼三毛的腰部，真是天大的误会，他们纯情得只是拥抱和接吻。

未婚生子是很多年轻人的惯例，三毛虽然思想很是自由，有点放荡的自由，但她还只是一个女人，小女人，有内心的坚守与矜持。

慌忙解释，有问题的是荷西，更是不伦不类的话，好在老秘书看了荷西一眼之后也没再说什么，不知道会得出怎样的结论。

等这些文件要很久，三毛在这段时间另有安排，来到这里很久，三毛都只是待在荷西租的那个屋子里，她想去外面，看看更广阔的撒哈拉沙漠，看看神秘面纱下的前世故乡。

撒哈拉对三毛来说是圣地，对于别人却不是那么美好的，那里漫天的黄沙，终日弥漫入眼，干涸的土地，几乎断绝的水源。

在很多人眼里三毛就是一个疯子，不折不扣的疯子。警察局甚至不分青红皂白，声称三个月后就要把三毛遣送回马德里。退休的老司令员听说后，一遍遍地为三毛讲解地图，那是三毛的一段路，必须前行，那也是别人的一个梦，见而不得。

撒哈拉，那是一个神奇的地方，人迹罕至的沙漠，正常人不会去行走的路。

三毛被浇了很多冷水，领受了很多不伦不类的向导，最后便去请教土著老人，那是一个有很多经历与才识的老人。

需要的不是很多，只是两辆吉普车和一个向导，还有汽油、食物等，但是最重要的是钱，钱虽然不是万能的，但却是一切事物的起始。二十七万台币不是三毛能负担得起的，她只是一个小学教师而已，当然荷西也拿不出那么多的钱，即使有，三毛也不会用的，这是她一个人的梦，自己做才是最完美的。

无奈的三毛在这期间只能背着一个大背包，脖子上套着一个相机，奔走在周边的一些村落。

有的时候是搭便车，有的时候是徒步行走，三毛也是新奇快乐的。她看见了传说中的海市蜃楼，参加了很多当地的奇特风俗活动，拍了很多的照片。

七月的沙漠，骄阳似火，太阳灼热的高温要把一切融化，这个时候的三毛还在享受她的奇遇，荷西还在兢兢业业地工作，只是偶尔会想起个人，脸上便不自觉地露出笑容。他们，谁都不知道，结婚就在眼前。

前一天的上午，三毛突然收到通知，文件旅行已经结束，可以结婚了。

三毛还在消化可以结婚的这个消息，却被下一句话吓到了，结婚日期已经定好了，就是明天上午，真是突如其来的震撼。

二人直接忙碌起来，打电报给家里人，真是让父母恨得说不得，结婚前一天才告诉，连自己儿女婚礼都不能参加。

荷西请三毛去看了一场电影，沙漠里只有那一家影院，虽然很破，都不算是入流的了。

这是男女朋友的最后一天，跨越了情人的这条线，以后就是爱人，不可分割的姻缘，被所有人承认的存在。

在生前，在死后，都会有这场婚姻的记载，都可以证明这场婚姻的存在。荷西想向所有人宣布他的喜悦，也要告诉三毛，这一刻之后，你就是我的爱人，携手终老的人。

在结婚前，荷西送给了三毛一件礼物，是一副骆驼的头骨，惨白的骨头很完整地合在一起，一大排牙齿正对着三毛龇牙，眼睛所在地现在是两个大黑洞。

荷西在沙漠里找了很久，才找到这么一副完整的，他很了解三毛，知道三毛不喜欢那些乱七八糟的首饰什么的，专喜欢这种奇怪的东西。

世界上只有荷西能送出这样的礼物，而也只有三毛才能欣赏这个别人眼中的恐怖礼物。

三毛自然是很开心，收到了心爱之人的礼物，心爱之人的礼物同时也是心爱的。荷西也很得意找到了这么好的礼物，最好的结婚信物。

结婚的时候，两人穿得很是朴素，一点也没有结婚的那种喜庆，大红大紫的华丽，只是平常中好看的衣服，再就是整洁了些。

三毛穿的是一件淡蓝色细麻布长衣服，不是新的，但三毛很喜欢它的那种朴实优雅的风味，脚下还是一双简单的凉鞋，头上戴了一个草编的阔边帽子，两个边都没有鲜花，三毛便去厨房拿了一把香菜别上，也有一种田园风味，简单的美。

荷西就是把大胡子修理了下，没有像以前那么蓬乱，弄得柔顺有规则，结婚的男人，就要放弃以前的散性，从今以后有了责任，有了牵挂。然后也穿了一件深蓝色的衬衫，两人决定来个简单的情侣装。

没有车，两人就手拉手地走去法院，手心处传来的颤抖，内心的悸动，两颗心在跳着同一样的节奏。

沙漠，因为三毛的幸福心情也变得美丽了；黄昏，因为荷西的激动，也少了沧桑，无边的天空，庞大而深邃的意境。

三毛和荷西的结合，是一种很深远和平淡的结合，虽说以前三毛没有怎样热烈地爱过荷西，但这一刻，三毛还是十分幸福的，她享受愉悦的心情，上瘾于荷西的深情陪伴。

对于这场婚姻，激动的不只是三毛和荷西，未等走到法院门口，就传来很多人的惊呼声，一个谁也不认识的人就跳出来照相，闪光灯闪个不停。

俩人都没有想过找人来照相，更加没有想到的是这场婚礼别人竟然比他们还在意。

本来不是很紧张的俩人，开始紧张了起来。

上了楼一看，发现法院的人都穿上了西装，还打着领带，正式无比，相比之下，两人就好像是来看热闹的。

三毛最怕这种正式的仪式，不喜欢却还要装模作样，这回还是逃都逃不掉的。

很快地，婚礼开始了，小小的礼堂里坐了很多相熟的人，大家都是笑眯眯地看着三毛和荷西，真是无语问苍天了，这些人怎么会都知道。还有很多不认识的人，但是大家同样地都带着浓浓的祝福。

两人像木偶人一样被摆弄着坐下，荷西的汗都流到胡子上了。

还有一个法官，年龄不是很大，和三毛差不多，穿了一件黑色缎子的法衣，很有一种庄重的模样。

老秘书是这场婚礼的主持人，他也穿了一套黑色的西装，打了一个丝带领结。脸上竟然还有汗珠流下来，让三毛莫名其妙地汗颜。

他开始讲话，陈述婚姻中的法律法规。西班牙的法律规定，结婚后的双方是必须要住在一起的。

真是废话一样的规定，还要很正式地宣告，不在一起，又为什么结婚呢？

三毛是个很直接的人，即使在这样的庄重场合也不会作假，听到这样的规定，就开始闷笑起来。

直到听到有声音在叫三毛女士，三毛才恍然回神，之前的什么都没有听到，发愣的表情，让观礼的人都笑起来。

三毛被叫起来，紧接着荷西也被叫起来，三毛的心中还在念叨，真是啰唆，怎么不叫一起站起来。

三毛对这场婚礼还是抱了平常心的，在发觉那个法官拿纸的手是颤抖的时候，内心生出了那么一丝的惭愧之情。

这是法院里第一次有人公证结婚，法官比三毛他们还紧张。

"三毛，你愿意做荷西的妻子吗？"法官问道。谁都应该知道怎么回答，这时三毛却有些混沌了，答了一个"好"字。

法官笑起来，又问荷西，荷西大声说"是"。

各自作了回答，法官却愣住了，不知道接下来要说什么才好。

于是，三个人就像木头一样静静地站着，最后法官突然说道："好了，你们结婚了，恭喜，恭喜。"

仪式就这样完成了，有种玩票的性质，三毛一听结束了，顿时活泼起来，不再强装深沉，甚至还把帽子拿下来，当扇子扇风用，帽檐上的香菜散落得到处都是。

很多人上来与荷西和三毛握手，有认识的，有不认识的，每个人都带着祝福。

一场说不上有多隆重的婚礼，就这样执行了，甚至双方的父母一位都没有，但这是三毛记忆中最美好的一天，是她那六年幸福婚姻的开端，一生不能忘的怀念。

白手成家

这样的时刻谁都没有觉得不妥，或者是落下了什么，灵魂被刻上了印记，身体却还没有被执行。

谁都没有注意仪式的最后一部分，交换戴戒指还没有被执行，即使是有人注意到了，也没有提出来，在这样兴奋的高点，再重新回到那个庄重压抑的气氛，大家的喜悦也就会淡化了。

在回来的路上，荷西提出要去沙漠最豪华的旅馆住一夜，毕竟结婚算一生中最大的事了，一个成功的男人，背后有一位默默付出的女人，一位伟大的女人，身后也有一位艰苦的男人。

谁都不想孤单，在寂寞的时候有人陪伴，在散步的时候有人同行，在吃饭的时候有人同桌，在某一时刻，都有人牵挂你和担心你。

人生结婚一次，难得挥霍，三毛摇头没有同意，她不喜欢这种没有本钱的挥霍，在那里住上一夜的钱，够两人买一星期的菜了，况且只要与心爱的人在一起，哪里都是好的。三毛与荷西手牵着手一起回到他们的家。

推开家门，一个精致的大蛋糕就进入眼帘，静静地等待来人的开启。

蛋糕是荷西的同事们送的。蛋糕上写着：新婚快乐。

三毛很感动，在这匮乏的沙漠，有新鲜奶油蛋糕真是一件很奢侈的事。

荷西的同事们很用心，蛋糕上有一对穿着礼服的新人，穿着白色婚纱的新娘的眼睛还会一开一闭，很有些童趣。

三毛虽然已经是个成年人了，但对这些小孩子的玩物还是很喜欢，一把将两个连起来的娃娃拔起来，还告诉荷西不要抢，那是她的。

荷西对这样的言行很是无奈，以为谁都像她那样，难道两个成年人还要为了两个小娃娃大打出手吗？

两个人吃着蛋糕，这个时候，荷西才把戒指为三毛戴上，一点也不浪漫，很日常的行为，却自有那种温馨，以后就不是情人般相处，需要的不是那种浪漫的激情，需要的是激情之后的平淡的生活，简单才是最真的。

撒哈拉沙漠是如此的美丽，而在这儿生活的人却要付出更大的努力，更坚定的毅力，来适应这里的生活，享受沙漠的独特之美。

荷西租的房子在阿尤恩阿雍镇坟场区的金河大道上，没有门牌。不算很好的房子，每个月的租金竟然还要一万块西币。

对于刚找到工作的荷西来说，是一个不小的负担。三毛刚到沙漠之时，就是被她的情人抱进去的，从那之后就成了荷西的太太。

三毛刚进去就被那个贫民窟似的房子震惊了，但是她没有说出来，她知道荷西尽了力了。

三毛要来撒哈拉，亲友中几乎是没有人赞成的，只有父亲陈嗣庆支持，还给三毛寄去了一笔数目不小的生活费，爱女的父亲，知道什么才是女儿内心渴望的，最需要的。

荷西是个比较大男子主义的人，他坚守男人的尊严，坚决兑现当时和三毛说的那个诺言，为三毛建一个家，一起生活的地方。

他没有用三毛的钱，而是把自己赚的钱都交给了三毛，让三毛来布置"家"。

只有残破沙发的屋子里多了人气，才有种家庭的温馨。一个小冰箱摆放在角落，还有一个煤气炉和一条毯子。

沙漠的夜晚，气温下降得很快，三毛窝在睡袋里，荷西则包着毯子在地上铺了帆布睡下。

凛冽的寒风，从可见月光的洞口吹了进来，三毛一夜无眠，度过一个失眠的沙漠夜晚。

撒哈拉的水资源是严重缺乏的，需要用水还要向政府申请。三毛在路途中又买了一些家用品。

一个床垫，贵得莫名其妙，没有了买床架的钱，但是也比铺帆布要强得多。

还买了草席、扫把、刷子，还有吃饭的家伙，一口锅、几个盘子，还有叉匙等，肥皂、衣夹、油米糖醋也是居家必不可少的。

沙漠是一个贫穷的地方，可这里的物品却贵得惊人，买下的东西好像都非凡品，也只有这样想才觉得那钱花得不委屈了。

沙漠的水也贵得难以想象，一桶水竟然要九十块西币，真是昂贵的生意，比抢还划算，不用承担法律风险。

荷西上班之后，在家待着的三毛就负责搬运水了。在近五十摄氏度的高温沙漠，抬着那么重的水，真是痛苦。

提着装满水的桶，走几步就要停下来喘一口气，然后再走，再停，汗流如雨，脊背都被水坠得隐隐作痛。

赤红的脸颊，面若桃花，只是盛开得更加鲜艳，疲软的步子，距离家还是那么遥远，那个小黑点般的存在好似永远也不会走到。

提水就是如此艰难，煤气瓶三毛更是无能为力了。没有办法，借来邻居的铁皮炉子，蹲在门外扇火。

三毛的生活不算很富裕，但也绝对没有被苛刻到，一直被养在温室之中娇嫩的一朵花，何曾受过这些苦。这里的房子，也是三毛住过的最差的了。

升起的浓烟总是把三毛的眼泪呛出来，流个不止，酸涩的泪经由肾上腺一点点反射到眼中，最后涌出。

荷西不想三毛过得这样艰苦，他要给她一个幸福温暖的家，他只有拼命地工作和加班。

荷西的公司离家有一百多公里，只能在公司住。到周五的时候回来，然后星期日的晚上再坐公交汽车回去。

荷西不在家时，三毛总是彻夜难眠，坐在窗前听外面那如泣如诉的风声，看外面耀眼的星辰，偶尔也会低吟几句无头无尾的诗。

那时家里什么都没有，没有电报，没有电视，没有收音机。三毛总是终日地坐在那里，像一个望夫石一样盼着荷西休息日的到来。

沙漠的墙在中午是火热烫人的，夜晚却冰凉得刺骨。电，也供给得贫瘠，大多数时候是没有电的，只是偶尔，那是运气好。

沙漠的夜，安静得仿佛部落的尘埃，点上白蜡烛，看着白色的液滴蜿蜒而下，最后又汇聚到哪里，成了什么样子。寂寞的人，在夜里总是很难熬。

荷西回来的那两天就是三毛的天堂，她欢快得好比一只才从笼子里出来的鸟，叽喳个不停。

当荷西半夜离去，即使心里是想不悲伤的，还是会毫无理性地流泪。

从天台上看到荷西还没走远的身影，就飞奔去楼下，搂着他的腰，恳求他留下来。

明知道现实是不可能的，还是想要奢求，得到没有悬念的回答，还会默默流泪。

三毛映着星辰与荷西背道而走，回身，挥手告别。

荷西上班是极认真的，还总是加班，会替别人班来尽可能地多赚钱。

勤快的男人，背后都有他的动力。而支持荷西如此的，就是三毛的幸福。

在结婚成家的那段时期，荷西好像有无穷的力量，有用不完的精力。

荷西的大学专业是工程，手很巧。家中的很多家具都是荷西打造的，很精巧。

三毛也发挥她的拾荒本领，捡到一些废弃的材料让荷西加工之后，又是一件精美的工艺品。

荷西在公用屋顶上锯木块，三毛则负责把木块分类。一个小时一个小时地干，最后太阳都要升到头顶了，荷西也满头是汗，三毛就在旁边用湿毛巾为荷西擦汗，还准备冰水，为荷西被晒的部位涂油。

沙漠的太阳就像在铸铁一样，把那浓热的岩浆铺洒下来，荷西被热得感觉天旋地转。

但是他仍然在干，一切的外在困难都不能改变为家的决心，他心中的家，她梦中的家，他未来的家，现在都被亲手创造出来。

幸福，也像那岩浆一样，把一切都融化，渗透皮肤，辗转内脏，存在于身体的每一部分。

午饭后，荷西就累得睡着了。醒来时，已是黄昏，看着赤色的阳光，如血般喷洒，荷西爬起来继续干，继续敲打，把生活的棱角敲得平和。

星期日，是天主教徒的礼拜日，荷西还没有休息。这个家还差一个书架，还缺一张桌子，他还要努力。

卧室也多了一个长排的挂衣柜，那是三毛天马行空的设计，被荷西安于现实中彩排出来。

厨房里，还有了一张小茶几，被放在灶台下，用来放油盐糖醋瓶。

把那沙漠麻布式的条纹窗帘拉上，屋子就被笼罩在了一种浓浓的氛围之中，家的浓烈气息。

把一切都布置好，做完这一切，锁上房门，开始他们的蜜月旅行。

沙漠样的房子立在沙漠之中，在凶猛的黄沙中，任我飘摇，自有那种遗世独立，偏偏世外之中还不乏人情。

他们的旅行没有什么新奇，还是在这茫茫沙漠之中，看东边的日出，西边的残阳。

三毛喜欢拾荒，荷西便跟着，不管有用的没用的，只要三毛喜欢就统统收起。

两人还在人迹罕至的沙漠中，坐着，什么都没干，只是坐着，享受这种美好时光。背靠背，把自己的防御完全交给另一个人，在彼此的面前不需要伪装。

浪漫而欢快的蜜月旅行结束了，谁都不可能永远生活在浪漫这种大起大落的情绪之中，而他们还是正常人，自然过的是正常的简单平凡的夫妻生活。

疲劳的两人回来，荷西还陷在努力奋斗中，趁着放假的期间，用白灰把家里粉刷了一遍。

美丽整洁的白色小房子，在沙漠中鹤立鸡群，一个独特的标志。

荷西工资发了下来，还是穿着鞋底有洞的皮鞋去上班，他不让三毛给他置办衣物，先装修家，大丈夫先以家为重，然后再为己。

三毛在十三岁那年，就开始了艺术之行，做着艺术家的梦。她很相信自己的艺术细胞，把自己在绘画上未完的设计继续用在家的设计上。

世界上几乎没有女人是不爱美的，爱美是女人的天性。她们一方面极度自信自己的审美观，另一方面还要对自己的决定犹豫不决，在等待别人的评价，评价若是不好，就会愤怒那人的眼识，好的话又会觉得又没那么好。

三毛对家庭的设计有很多的想法，也会挑剔自己认为的荷西的不足之处。荷西有个极大的优点，就是三毛做什么都是对的，说什么都是好的。

对三毛的赞美也是恰到好处，不会有谄媚的感觉，却也能让三毛感到赞美的真实。

荷西去上班，这个家的一切就都是三毛做主了。

三毛先是搬了好多空心砖，铺在墙的一侧，上面竟然用棺材外板垫着，还找来了两块海绵垫子，一块放在木板上，另一块竖放靠墙。然后在上面盖上和窗帘一样的彩色条纹布，后面用线缝合起来。

一个纯手工制作的沙发就出现了，沙漠色的窗帘，重色的沙发，在白色的围墙中格外地协调好看。

又找来一块白布，铺在了桌子上，上面再放上三毛母亲寄来的细竹帘卷，淡雅素丽。

母亲对在外的三毛甚是关心，还为三毛寄来了中国式的那种用棉纸糊的灯罩。

不只母亲，三毛其他的亲朋好友也为三毛布置的这个家贡献了一份力。

好友林复南寄来了大卷现代版书，平生生还为三毛通过航空寄来了大箱的皇冠丛书，还有父亲，知道三毛喜欢那些奇奇怪怪的东西，下班途中看到怪里怪气的海报也会买来，再送给三毛。

姐姐为三毛邮来了很多的衣服，弟弟们更是有思想，不知道从哪里搞到了一件和服式的浴衣送给了荷西，西班牙的男生穿着日本的和服竟然很像三毛喜欢的一个男演员。

一生中，有懂得自己的亲人，知晓自己的友人，行走途中就不会再寂寞，生命的源泉不仅只有自己的气息，三毛的旅途从来就不是她自己的。

厚重的书架又被三毛涂上了深木色，用的是一种褐色的涂料，不是油漆。油漆那种东西，涂上去是一样的色彩，但不是一样的感觉，总是多了那么一丝做作。

无本万利的生意三毛最会做，装饰新家的很多东西都是三毛从后面那个垃圾场捡来的。

有离家这么近的一个垃圾场，对别人是那种充满恶臭味和废弃物品的厌烦所在，可它对三毛来讲就是一座玫瑰园，每天都要去那里采摘新鲜的花朵。

拾荒是三毛从小就有的爱好，小的时候走路总是喜欢东张西望，有什么看上眼的东西就拾起来拿回家，虽然总是会被别人当垃圾再扔一遍。

回家的一路就是在探索一座传承的古藏，那里面的宝贝五光十色，有的时候是一颗弹珠，还可能是一枚大别针，连狗的牙齿三毛也没有放过。

运气好的时候还会捡到钱，只有一角三毛也是如获至宝，感谢耶稣了。一角钱的用处真的很大，三毛可以到书店去租下一部好书，或者交易给姐姐，可以听到一段津津乐道的故事。

至于路不拾遗、拾金不昧的传统品德，在三毛这里是行不通的。

三毛还是会乐此不疲地继续拾，她认为她捡的东西都是宝贝，背后都有一个不为人知的传奇故事，或者可以被发掘出更大的价值。

三毛还在垃圾场找到了一个废弃的汽车轮胎，回家洗干净，把一些边角整理下，中间再放上一个红色的布垫，就成了一个鸟巢式的沙发。

放上一曲交响乐，慢慢坐在上面，有种君王俯视众生的意味。摇晃着悠荡，很是悠闲。

一些大大小小的绿色瓶子，三毛也没有放过，抱回家摆在屋子的各个角落，插上一丛一簇的怒放的野地荆棘，怒放的强烈诗意，不能被屈服的昂扬。

她还收集了各种各样的汽水瓶，涂上不同的色彩，俨然印第安人的土著风情，完美的工艺品就这样出炉。

在撒哈拉沙漠，三毛就通过拾荒，把她的沙漠之家布置成了沙漠中的独有风景。

三毛一个人在家的时候，来了两个人，其中一人抱着一大束的天堂鸟，怒放的精灵。

他们是慕名而来的，三毛的家在沙漠中是远近闻名的，来到了这里，谁都不会以为是在茫茫沙漠之中。

东张西望的两人，一会儿惊奇三毛从坟场上得来的石像，一会儿又去摇晃墙角上挂的一个小脚踏车的铁钢丝内环。

俩人惊讶地坐在棺材板上，啧啧惊叹这座艺术的宫殿。

废物在三毛手里发挥了最大的价值，竟然还可以再卖钱，俩人琢磨了很久，想要买一个石像。

三毛沉吟了下，拿的是一个鸟的石像，鸟身上有一抹自然石块的淡红色，大自然的精血。

最后当然没有收钱，对懂得欣赏的人，它就是无价的，对不懂得欣赏的人，它就会一文不值。

爱情，如果不落实到穿衣、吃饭、数钱、睡觉这些实实在在的生活里去，是不容易天长地久的。

沙漠的生活三毛也过得有滋有味，当然荷西是最大的功臣，两个人在最开始患难与共，互相扶持，琴瑟和鸣。

一段适合于唇齿间细细咀嚼暧昧与深沉的悠长旅程，正如冷夜之中，未灭的宫灯，帘前当当作响，浮于厚重大鼎，缕缕烟光，一丝暗香。

香灰之底，一抹红星暗暗隐动，已缄默的力量，推动着前行，等待某一刻的蓬勃绽放。

爱情，在烟火里成长

柔和的风吹过也会在湖面荡起细小的波纹，怒放的玫瑰还会带有扎人的刺，清澈湖面淡然流波，三毛和荷西的婚姻缓缓流过，其中也会偶尔翻腾起几朵浪花，或大或小。

荷西是一个好丈夫，他热烈地爱着自己的妻子，了解她的喜好，甚至还包容三毛的坏脾气。

三毛是个很尊崇独立人格与自我的人，她虽然对这场婚姻憧憬着渴望，但她也不会在这里失去自我。

她一再强调她需要的独立，她需要的自主，并且表示她不会改变她的"我行我素"。

娶一个人自然就要接受她的全部，荷西没有任何意见，他喜欢她，就是喜欢她的一切，她的全部，缺失了或者改变了，就不是荷西心目中苦苦追求的那个女神了。

很多人都会说这是自己的另一半，我是谁的另一半等。但是三毛和荷西两人却不这样认为，两个人都是彼此的，却又是互相独立的。没有领土的占领与掠夺，两个人完全没有婚姻的负担，都有各自的一角。

一次，三毛要写一篇"我的另一半"，毫无疑问，那一半指的肯定就是荷西了。

而荷西听后却说，他是一整片的。如此肯定的回答，三毛看着荷西的眼睛，很是正经和清明，没有一丝玩笑。

三毛在心里告诉自己，自己也是完整的，是独立的个体，没有另一半。

正因为两人不是一半一半的，而是两个个体，生活中棱角还是要慢慢融合，融洽地拼凑在一起，以后，才不会在小小的家里晃来晃去，最后撞痛了彼此。

如今是一夫一妻制，但有人想在制外再制一妻，相遇而外，便成了外遇。

三毛和荷西，沙漠中的一对神仙眷侣也不能免俗，一个人的身上只能承载一个人的情，再附加更多的，最后也是被压得沉重地毁灭。

荷西英俊潇洒，三毛魅力四射，两人在沙漠里都是很受欢迎的角色，自然也会招惹小蜜蜂。

有一天，荷西下班回来捧了好大一束天堂鸟，天堂鸟在沙漠算是最名贵的花了，三毛是爱花之人，慢慢地拿过来，再插在一个漂亮的瓶子里。

那是荷西的一个同事——马诺林送的。三毛认为那是比黄金还名贵的礼物。

以后的每个周末，墙角都会有一簇怒放的天堂鸟，在那里静静地燃烧它们剩余的生命，都是荷西周末带回来的。

荷西对这些花也很是爱护，会记得勤换水，还加阿司匹林片维持花的寿命，把那些腐烂的根茎剪掉，对马诺林的心理，他没有去分析。

或者是不想，或者是不在乎。他对人心的问题很是避重就轻，人是不应该那么分析的。广阔的星空，也不及人心的深邃，波澜的大海，也没有人的心广阔。

荷西的同事很喜欢来三毛他们家做客，但那个马诺林自天堂鸟来了之后，就再也没来过。

一次的礼物会让人惊喜，可是很多次就让人心惊了。一次是巧合，很多次就是谋划好的阴谋，虽然不知道这个阴谋是什么，但三毛不想它危害她的家庭。

有一天，荷西上班去了，三毛把马诺林约了出来。一次次地送花，虽然不知道其中表达的意思，但人心莫测，还是从嘴巴里说出来比较真实。

三毛给了他一杯冰水，然后严肃地望着他。马诺林手抱着头，很颓废的姿势，一切尽在不言中。

三毛之前只是怀疑，现在就是深深地确定了，他的抱歉，完全是没有必要的。她同情他，因为这段感情三毛注定无法回应，她也感谢他，他给了一个女人最好的赞美和鼓励。

没有任何企图，马诺林只是对三毛深深地爱慕，用送花来引导出身体那浓烈得快要翻涌的爱情浪潮。这样的男人三毛不会讨厌，也没有讨厌的必要，只是不想让一个人的爱情在没有终点的路上继续前进。

荷西不知道马诺林来过，但是从那以后，美丽的鲜花没有了，再没见到马诺林了。

那个人辞职了，就如人间蒸发般地消失在三毛的生命中。只留下了很多书送给三毛，其中有一半《在亚洲的星空下》，那里有三毛的家。

怅然忧伤，在爱情里谁都没有错，只是因为时间和空间，没有在对的时间遇到对的人，在错的空间找到那个想厮守的人。

荷西虽然也有很多人喜欢，但是别人的追求还没有展开或者还在进行时就被三毛果断地压制了。

在这"开放式的婚姻"里，荷西是看不得一眼美女的，三毛是如此小气而敏感，在和别人分享丈夫的这件事上。三毛的开放是在爱情城堡里的开放，三毛的包容是城堡里的包容，城堡就是爱的家，家的存在才会衍生出许许多多的爱情。

三毛控制着荷西的薪水，再俘虏了他的胃。她是拿着一根红线绑在荷西的小拇指上，留在视线可见的地方，小气而聪明的太太。因为三毛编制的网，太严密，太黏稠，荷西的几次美好艳遇都告吹了。

荷西和三毛都是热心肠的人，乐于助人，和邻居的关系很是密切。很多人有事都来找他们，缺了什么也都是来这里借。

有一次，三毛要和荷西去参加一个酒会。三毛把很久不穿的黑色晚礼服拿出来烫了好久，又找到几件稍贵重的首饰。

把一切都准备好后，却发现放在鞋架上的高跟鞋不见了。球鞋、拖鞋、平底凉鞋，还有布鞋都在，就是不见了那双高跟鞋。突然看见，有一双脏脏的尖头沙漠鞋在架子上占着位置。

那是姑卡的鞋子，姑卡是三毛的邻居之一。她的鞋在这里，三毛的却不在了，事情豁然而出。

"我的鞋子呢？我的鞋子呢？你为什么偷走？"三毛冲到姑卡的家，一把抓住她，气冲冲地问她要鞋子。"快找出来还我，你这个混蛋。"

姑卡慢吞吞地找，去厨房里，卧室里，席子下面，甚至羊堆里，最后很平静地告诉三毛，鞋子被她妹妹穿出去玩了。

三毛再咬牙切齿也无可奈何，只能穿着棉布的白衣服，一双凉鞋，在珠光宝气的太太小姐们眼里，三毛就像从另一个世界里来的。荷西的坏心眼同事还挖苦三毛，是一个漂亮的牧羊女，只是还差了一根手杖。

第二天，姑卡把鞋子还回来，已经被弄得不像样儿了，假如以前是一个女王，现在连一个人老珠黄的宫女都不如。

三毛生气是理所当然的，而姑卡竟也理直气壮地生气，因为她的鞋子也在三毛的家里。荒谬的理论，让三毛气愤得很无可奈何。

与邻居关系密切最大的影响就是，三毛的家里不论什么都会有人来借，三毛的家就像一个万能的超市，但是里面的物品是免费的，来了一帮土匪就被扫荡一回。

"除了我的牙刷和我的丈夫之外，你们还有什么不感兴趣的吗？"三毛真是气急了。

姑卡听后竟然如梦初醒般，连忙问三毛的牙刷是什么样子的，真是一帮太诚实的人，三毛的帮助竟然换来了这样的结果。好心有好报，在这里完全是一个错误。

被三毛撵出门后，姑卡还向别的女人大声说："你看，你看，她伤害了我的骄傲。"

真是令人啼笑皆非，无可奈何的一群人。

来三毛家借东西的人很多，其中也有对荷西感兴趣的，只是不是"借"，而是"要"，或者是夺取。

沙漠的男人是可以娶好几个太太的，而荷西的芳邻来勾引荷西从来都是明目张胆的，丝毫不顾及在场的三毛。甚至是针锋相对，而且还很理直气壮的。

蜜娜，也是三毛的芳邻之一，是一个美丽活泼的美女，金黄色的波浪长发，凹凸有致的身材，不断地对三毛的丈夫荷西发送性感的诱惑。

三毛和荷西正在家里吃饭，蜜娜就站在窗前喊荷西，要荷西这个万能的修理匠去修门。

这样的事情很多，三毛有时都怀疑，她家的东西是不是也是从垃圾堆捡回来的，怎么坏的频率竟然这么高。

荷西放下筷子就要跟着去，三毛把盘子里的菜倒了一大半给荷西，要荷西继续吃，不许去。

蜜娜站在窗前不肯走，荷西又看了一眼，三毛要把她当成海市蜃楼，不许荷西看。

这个"海市蜃楼"般的女人在三毛的坚决防卫下，终于落在了别人家，三毛很是高兴，还送了一块布料给她。

还有一次，三毛和荷西捕了鱼拿去卖钱。两个人都属于那种文明书呆子的类型，对于卖东西这种事脸皮很薄，总是磨不开。

到了酒店门口，荷西去里面询问。三毛女王当然不会干这样的事，而荷西是坚决唯女王命是从的。

等了二十多分钟还没有见荷西出来，三毛也进酒店去，手里还拎着一条鱼，恰好看见柜台里的一个很性感的女人在摸荷西的脸，而荷西竟然像一只呆头鹅一样站着不动。

有爱情洁癖的三毛怎么会允许，大步走上前去，噌地一下把荷西拉过来，就对那个女人大吼："买鱼不买，五百块一斤。"

一手把手里的死鱼大力地摔在酒吧吧台上，发出"啪嗒"的响声，滑腻的鱼还滑行了一下停了下来。

荷西刚刚出的价是五十块一斤，转眼间就涨了十倍，就算是荷西的美男计奏效，那个女人也不会做傻事，花天价把鱼买下来。

三毛还在瞪着她，真是的，你要再敢摸一下，就涨到五千块一斤，哼！

荷西一把把三毛推出了酒店门口，要不是三毛的捣乱，要是她不冲出来，鱼就卖出去了。

三毛举起手来就打荷西，荷西自知理亏也不说什么，只是抱着头任三毛打。几条鱼的价值怎么比得上荷西，宁愿让鱼坏掉也不让那个人再摸荷西一下。

一气之下，三毛又冲回酒店，把刚才放在酒吧吧台上的那条鱼拿了回来。极度气愤的人，总是会做出让人啼笑皆非的事来。

世界上几乎每个人都喜欢美好的事物，美男对于女人来说就是极大的诱惑，荷西英俊的面孔完全可以招蜂引蝶，只是三毛织出的网把这些艳遇隔离在外。

荷西的不动心是爱的弱水三千只取一瓢，还是因为责任和坚守，没人知道，但是三毛永远是荷西最重要的女人，让荷西为之生为之死的女人。

婚姻就是一场取经路，途中会经过大大小小的磨难，美女画皮轮番出场。有些人半路退场，放下家中妻与美女共游；有的人宁折不屈，琉璃与瓦齐碎；有些人经过磨难，与真爱携手终老。

第五章　天人永隔，此恨绵绵

岛屿生活

一滴水的距离，隔了天涯，拒了海角。一种爱的延续，锁了距离，短了回忆。无人的沙漠，孤单在随行，谁的脚又印上了谁的印。总是不断前行，总是不断寻找。心慌地发现，我一直在原地，从未走远。

一条路的发现，给了前序，放了落悸。一种情的亏欠，抹了结局，灰了天空。无人的心房，在为谁停留，谁的心又落在了谁的身。总是不断发现，总是换了身旁。落寞的回忆，我只是自己，从未入座。

干涸的沙漠，有两条比目鱼在自由地游荡，饥渴的地底，有两根枝条在互相缠绕。

三毛与荷西这一对神仙眷侣在沙漠中如鱼得水，如果没有战争风云，他们也不会离开相濡以沫的撒哈拉沙漠，一共生活了三年零八个月的"前世故乡"，有爱有梦的三毛，在那里展示了她的万种风情。

撒哈拉沙漠，是三毛最一往情深的地方，在荷西之前那是满载着三毛前世忧愁的故乡，梦中的情人。认识荷西后，那是他们结婚的地方，他们的第一个家就坐落在那里。

白手起家，一点一滴建造了他们的城堡，沙漠上最美的房子，最独特的艺术品。这里的一切都已深入骨髓，融入血液，永生不能忘怀。

三毛还有一个名字，那就是"撒哈拉之心"，那是荷西爱的昵称。爱着她的所爱，梦着她的梦，因三毛爱得深沉，荷西爱得追随。

从小自闭的性格，在这远离人海、寂寞荒寥的地方，心灵得到了休息。没有高耸入云的摩天大楼，也不见车水马龙的滚滚红尘。

在沙漠里，这片人口稀少的土地，想要看到另一个人，站在沙漠上，拿手挡着光线，地平线上的那个小黑点就是了。

1975年10月30日，三毛乘飞机离开西属撒哈拉。从此，她没能再回到她眷恋的这片沙漠。在天空，回眸看，沙漠已越来越远，慢慢消失在视野中。心脏的某一块被深深地挖掉了。

三毛是万万不愿意离开这深沉的土地的，无奈战云密布，动荡不安。

在小的时候，三毛就经历过战争，只是现在的她没有什么记忆，有些遗憾。如今，在撒哈拉重燃战火，三毛宁可不要那种经历，只希望这片沙漠永世安宁。

只是三毛的力量太微弱，当战争来的时候她只能选择后退，停战是每个人的心声，但输赢就会有不同的争论。

撒哈拉的土著人一改往日的慵懒涣散，刹那间风云突变。很多小雨滴集结起来就如同暴风雨降临，在战争中种种手段，不断地斗争，撒哈拉奋力要摆脱西班牙的殖民统治。

政治旋涡席卷的浪潮，三毛也深陷其中。三毛是拥有西班牙国籍的，所以自然地被划入西班牙阵营。三毛的感情是复杂的，这片厚重的土地，这里的土著人，给了三毛不一样的深厚情感。

三毛对西班牙殖民主义很是没有好感，当年的中国也受过这种迫害，顽强的中国人民站了起来，用他们的鲜血，竖起了祖国的鲜艳红旗。

殖民，就是一种压榨，用最少的付出，压榨别人最大的价值，这种强盗途径，让三毛深感不耻。

一次，荷西的同事在公司里发表极端殖民主义演说，三毛还没说什么，荷西就坐不住了，一拍桌子，砰的一声巨响，就要去找那个人打架。

在阿尤恩，三毛居住的地方，白人和撒哈拉的贵族，都是各居一边的，而三毛和荷西是在撒哈拉威人群居住，左邻右舍相处得也很是密切。

三毛天天都可以听到轰天的雷响，镇上风声鹤唳，人人自危。每日传到耳朵里的全是刺耳的尖叫，悲彻天地的呐喊，有人撕心裂肺，有人猖狂大笑。人性，在生命面前什么都不重要。

三毛还居住在撒哈拉威人之间，随时都有遇难的危险，为了不成为荷西的累赘，三毛先一步离开沙漠，她深深眷恋的地方。

三毛再去的地方是大西洋中的大加纳利群岛，西班牙在北非的另一个殖民地，与撒哈拉只有一水之隔。没有去婆家马德里，也没有逃回娘家中国台湾。还是在西班牙，那个特殊的国家，无论给外人带来了什么，但它一直是在包容三毛，无条件地接受伤痕累累的她。

荷西为了和公司一道撤离，留在了沙漠。十五天后，在三毛的日思夜想中，他出现了。

等待的每一天都是煎熬，不是一日不见如隔三秋的想念，而是度日如年的忧思。三毛每天都要抽三包烟来压抑蜂拥的焦虑，荷西处在战争之中，三毛内心也在天人交战。

她多想回到荷西的身边，却又不能；她深切地渴望荷西平安，脑海中总是有荷西浴血的画面。夜不能寐，饭不下咽，三毛从没有这样焦虑过，这一刻，她发现荷西在自己生命中的位置，他们已是一体，离开了彼此都不能活。

看到荷西站在眼前，只是有多日的疲劳，其他一切未变，三毛的全身就静止了，思想停止了，呼吸也不见了，身体突然就崩溃得昏厥了。

在加纳利群岛，他们的第二个家，三毛没有那样精心设计了。可能是第一次设计使身体里的涌泉枯竭了，也许是没了第一次的激情，总之，三毛和荷西的第二个家，只是一所普通的房子，没有变成人人艳羡的宫殿，也没有人来这里参观艺术。

三毛对撒哈拉永远有不解的乡愁，即使离开了那里，也断不了那丝哀愁，来到这个只有一水之隔的岛屿，可以再继续瞻仰前世的故乡。

就像三毛对撒哈拉一样，荷西也对海洋有一样的执着。荷西热爱他的潜水工作，不能离开那片蓝色地带。在这里，三毛的梦有了，荷西的执着得了，满足对方的同时，自己的需求也得到了解决，三毛和荷西都不愿彼此为自己受委屈。

天底下大部分的婆媳关系都相似，三毛也不喜欢和婆婆住在一个地方，她们的关系并不融洽。

在岛上找工作很不容易，荷西风尘仆仆了一个月，还是一个无业游民，家中的生活费只有三毛那点微薄的稿酬。天底下没有男人愿意被女人养着，尤其是荷西，他曾对三毛许下的诺言，便是一个家，上班的丈夫，家庭主妇的妻子。

工作没有着落，荷西又飞回撒哈拉工作。这时，战火纷飞，西撒哈拉已经陷入了战争的狂热化状态。在那样的环境下工作，随时都有遇见子弹的可能。

荷西冒死赚钱，三毛每日面对着汹涌的海面，心惊肉跳，大海平静的表面下，暗礁海浪澎湃，三毛的内心、血液都在沸水里煎熬，不能平静地脉动。

荷西的每一次回家，对于他们都是一个重大的节日。在得知回来的日期，三毛兴奋地盼着这一刻，只盼流沙缓缓。

见面的那一刻，荷西便跪下来，把自己埋在三毛的腿间，他不愿她看见懦弱相思的眼泪。苦难的心理压力，相遇毕竟是短暂的，相遇的刹那幸福，缓解不了离别时心里的痛。

最后的一根稻草，打破了两人分离的短暂平衡。那是1976年年初，三毛发生了一场车祸，脊椎受伤，住进了医院。

刚刚涨了薪水的荷西，毅然地辞掉了这份工作，守在妻子的身旁。世上纵有千般好，不及爱人守护在身旁。

三毛出院后，坚决不同意荷西再回沙漠去工作，她宁愿饿死，也不想再受随时失去挚爱的痛苦。

三毛面临着失业的困难，三毛也说这时的他们是一对神仙眷侣，每日守在爱人的身边，互诉衷肠。蛋糕与奶酪不能同时拥有，他们享受蛋糕的甜蜜，就失去奶酪的香醇，每日都面临没有早餐的痛苦。他们在痛苦中享受幸福。

加纳利群岛因为位于沙漠对面，雨水也是少得可怜，几乎终年无雨，但并不像沙漠那么炎热。阳光普照，四季如春，没有明显的气候变化，恰是那懒人闲适的温暖气候。

岛屿空阔的面积，使他们可以择地而居，不用为住房担心，也不会害怕买不起房子。三毛最终选择了"小瑞典"，离城市有二十多里的距离，远离繁华，寂寞如烟的地方。

岛上住的大多数是北欧的退休老人，绽放了人生最美丽的年华，邻近残阳的岁月，在这孤独僻静的地方度过隐居隔世的生活。

"小瑞典"是一片纯白色的建筑，从远处看，如下凡的云高高地扎在山岗之上，海天相接处，白云朵朵。纯白色的房子错落有致，美丽的沙滩上住着一户户人家，开窗，就可以看见蔚蓝色的海洋。

三毛的家是一幢白色的平房，白云中的一朵，还连带了一个小花园。怡人的芳香，弥漫在空气中，三毛喜欢临窗而立，看着一艘艘轮船在大海中漂泊。三毛家的后院有一个凉亭，用细草竿铺成，是闲来休憩的好场所。

凉亭里还设有座椅，有可以坐人的大树根，或者是一段方木头，自然的一片风景，桌子还是在海边捡来的废船上的厚重方形压舱盖。

三毛的拾荒，不仅丰富了生活，还创造了生活。节俭是极有好处的，三毛的拾荒虽然不是出自此，但也是功不可没的。

三毛的家，是小巧的西班牙建筑。客厅的中间有一面很大的窗户，挂着米色的窗帘，随风摇摆，飘逸且随意。地上铺的是黄色的地毯，简单舒适的居家风格，沙发是老式的，上面放着很多靠垫，有些破损，应该是三毛主要待的地方吧。

古雅的白色台布罩着老式的茶几，灯罩是用藤做的，很低；一排很大的书架，几乎占满了一面墙，林林总总的书，什么种类都有；一套雕花木餐桌和椅子，雕刻得不是很精细，但是很有自然的味道，被放置在沙发的对面；房间的右面，又是一大排书架，连着一个拱形的圆门，通向明亮的客厅。

明亮的客厅，完全被白色覆盖，就像白云坠落下来，被三毛拾了回来，装饰了客厅。细藤的家具，竹帘子，不是现代的瓷砖瓦片，由此可见，三毛是一个崇尚古风的人。

古式的加纳利群岛的"石水漏"，放在一个美丽的高木架上，藤椅上是红白相间的布坐垫，上靠两个全是碎布拼凑的布娃娃。墙上挂着生锈的一大串牛铃，非洲的乐器，以及阿富汗手绘的皮革。

屋梁是一道道棕黑色的原木，数不清的盆景，错落有致地吊放着。地毯是草编的，一个彩色斑斓的旧画架靠在墙边。

美丽的房子，当然伴随美丽的价钱，失业的荷西和三毛，面对这样的诱惑还是没能逃脱，狠下了心，住进了这梦境里的家。

这里的荒僻从来不是说说而已，有人曾在这里坐了两小时，竟然没有一个人路过。如此荒僻寂寞的土地，三毛还是认为不够安静。沙漠的经历，让三毛下定决心不再与邻居往来，以免不能享受独自的时光。

虽然住进了这风景如画的地方，精神得到了极大的满足，但物质却发出饥渴信号。这一年，是三毛最贫困的一年，飞来车祸，积蓄几乎都付了医疗费，三毛的健康状况也一路下滑。

子宫内膜异位引起的卵巢瘤，屡屡发作，三毛不堪其扰。三毛把它称为"情绪性大出血"，诙谐又很切实的比喻。

一个英俊的男人，因为没有工作而面容憔悴，愁容满面。节衣缩食都不能减少这种贫困，财富是一座山也会坐吃山空，何况他们的财富仅仅连一个小土丘都算不上，仅出不入的情况下，财政很快就出现了"赤"字。

分期付款的房债，一日紧逼一日。美丽的城堡里面住的不是王子和公主，虽然他们很相爱，但也只是为生计忧愁的普通穷夫妻。

在沙漠里辉煌一时的"中国饭店"，如今也是海市蜃楼，巧妇难为无米之炊。三毛的心灵手巧，在贫穷上全都没有了用处。两人节省开支，每日只吃一顿饭，把钱从牙缝里省出来。

荷西的求职信，不停地飞往世界各个角落，他是一位优秀的潜水师，持有一级职业潜水执照，在西班牙只有二十个人有。可是，君子怀才不遇，世道不堪，再好的技术也没有了用武之地。

没有工作的男人颓废难言，没有钱的女人看着更是难受。三毛写了一封信给蒋经国，为这位中国女婿求一份工作。

青鸟殷勤，蓬山路太难。三毛发向故乡的求救信也无能为力，即使待遇不计，台湾也还是没有适合荷西的工作。

茫茫大海，海浪翻腾，对面的撒哈拉，枪云密布，炮火翻涌。荷西的好友米盖冒着生命危险去沙漠工作，荷西是断断不能的，三毛死也不会同意荷西去的。三毛宁愿一起饿死，也不想荷西受到战火的波及。

每顿都是面包的日子太难挨，两人琢磨着去打鱼来加点野味。每天清晨，饥饿的两人就去海边打鱼，解决饥饿的同时，把这当成野游，也带来额外的乐趣。

荷西是一个优秀的潜水师，他可以为三毛打上一条条大鱼，满足打猎的趣味。但是没有遇见传说中的阿拉伯宝瓶，来满足他们摆脱贫穷的愿望。

荷西失业后，唯一的来源就是三毛的微弱稿酬。自尊心强大的西班牙男子，不愿意被自己的妻子养活。与其吃太太的钱，还不如去自杀。

失业的苦难太过难受，荷西这个血性男人，不顾苛刻的条件，与一家德国很小的潜水公司签约。

在1977年1月，他去了尼日利亚工作。重新振作一家之主的威风，也让三毛少受苦。

这个公司真的很小，一共就只有四个人，老板就有两位，而工人就只有荷西和另一个工程师，可能都是走投无路，天涯沦落人吧。

憋了一年的挣钱愿望，终于可以大干一场了。艰苦的环境中，荷西每天要工作十几个小时，三个月就瘦了近二十斤，玩命地赚钱。

小公司，小老板，总是做那种投机取巧的事，荷西的健康和安全都没有保障。

三毛对这个老板的评价是，一个冒险家、投机分子，往钱眼里钻，赚得快，花得更快。在人前打肿脸充胖子，私下里却极尽钻营，一点也不讲究，品格也高不到哪里去。生活经验很多，狡猾之外，总带着一点隐隐的自弃。

荷西是一个血性汉子，有些小聪明但不是用在对付别人的狡猾上。一直在大公司里就职，拿着固定的薪水，遇见如此卑鄙的老板也不知如何应付。

老板为人很是自私、狠毒，总是扣押荷西他们的工资，不仅如此，竟然还把荷西的护照给扣下了。

对此，荷西很是无可奈何，忠厚老实的他只是拼命干活，期待老板良心发现。

荷西如此，但三毛从来就不是愿意受委屈的人，尤其是他们如此欺压荷西。两次从加纳利飞到尼日利亚与老板理论，撕破脸皮，唇枪舌剑一番。

三毛在这方面比荷西还是要强一点的，但是一共要来几千美元，与荷西应得的薪水相比，只是很小的一部分。

荷西在北非拼命工作，大西洋那端的三毛夜夜伏案，日日动笔，辛苦地创作，期盼得到更多的稿酬。

夫妻同心，其利断金。在荷西和三毛的拼命下，家庭状况终于有了起色。除了满足胃腑，还有额外的资金可以去旅游一番。

　　让人生不如死的日子，终于一去不复返了。荷西是一个好丈夫，赚钱的好男人。三毛安心于家，继续寻找生活的乐趣，只是时常思念她的丈夫荷西。

死亡之岛

那个秋天还没有过完，刺骨的寒冷就扑面袭来。候鸟归来，寻找留守的爱人，时光荏苒，真爱已陨落在袭来的寒冬。

爱情如火，瞬间的感触升温。爱情如雨，滑落一地狼狈。分秒中的爱情，甜蜜的幸福总是那么短暂，闪电般地逝去；世纪般的爱情，建筑的痛苦深深伫立，用生命去消逝。

锁上我的记忆，锁上我的忧伤，不再想你，怎么可能再想你，快乐是禁地，生死之后，找不到进去的钥匙。

粗重的呼吸回响在宁静的小屋里，月色如水，如翩翩少女，莲步轻移。三毛疲累地起身，又做梦了，梦里的场景不断在脑海放映，一幕幕地回放，好像生命的终止，在感叹往昔。

没有色彩的世界，迷雾朦胧般，像曝了光的胶卷，一片混沌。时间的大厦在那一刻倾塌，三毛又一次来到了这里。

她什么都不记得，只是这个世界好陌生好熟悉，她梦中有过的曾经。

沉默加速了牛奶的凝固，哀伤随着时间继续蔓延，无边的落寞破不了沉重的夜色。

一袭红衣少女，静静伫立其间。那是三毛，那不是。三毛拼命地呐喊，那少女深邃的目光穿透了夜色，透了蒙雾状的白。

没有边际的空间，没有流动的时间，无边无际的恐慌洪水般瞬间蔓延。三毛淹没了，她拼命地呐喊，奋力地滑动，但是都没有用。

她脱离了这个世界，她的声音只回荡在脑海，她的动作被定格。现实存在的只是，水在继续蔓延，三毛在坠落中迷失。

场景突兀地定格，诡异地消散，三毛在恐慌的旋涡中，浮沉。三毛并不是一个人，她的姆妈，她的父亲，还有姐姐、弟弟，好大一群人。

三毛并没有欣喜，眼睛来回寻遍了人群，依然没有发现荷西，那个能带给她全世界的人，有他在，什么都不用怕的人。

苦寒的夜晚，风钢针似的刺痛，麻木的神经有了一丝清醒。大家是来离别的，三毛要上路，她要一个人走了，荷西却没有同行，一直没有出现。

大家都在送你，你要上路了，离别已经结束了，告别也不需要。

步子很大，少女时的三毛渴望漂亮的高跟鞋。可是繁华正盛时节，她却抛弃了它，悠闲的步子，高跟鞋是给不了的。

停止，快停止，三毛停不下来，她失去了身体的掌控权，此刻她就像一个灵魂，被禁锢在自己的身体里，连夺回身体的能量都已消失殆尽。

三毛走着，每一步都是在虚空中，地面是如此虚幻，走在云端，暗哑沉重，没有飘飘欲仙，没有蔚蓝的天空，没有亮白的云朵，只有一个人，在一步一步地走。

不要，不要，三毛撕心裂肺地哭喊，凄厉的剧痛延伸到灵魂，灼烧了一切的感知。她拼命地向后仰着身子，两条腿僵硬地拖着地前进。三毛的躯体对前方矢志不渝，她的心还停在没有荷西的那瞬间。

三毛拼命地回头，僵硬的肢体夸张地摆动。亲人在不停地后退，没有告别，没有语言，模糊的面孔，平面的身体，如黑白照片般定格的姿势，纸片般的薄度。

无声的电影，没有色彩，死人样的惨白，漆墨般的黑，放映的结束，定格的画面在缓缓消散。

混沌似的白雾，渐渐地模糊起来，没有阳光，没有月光，惨白的光亮，不知从何处延伸过来。

小小的火车站，欧洲式的古老月台，没有带有魔法的会让人突然消失的那种神奇的站台，每个人都在经历离别，享受团聚。

发生的事情都是持续性的，但在三毛的眼里瞬间就完成了，片段被压缩成了点，在三毛的眼前、脑海里闪烁。

热闹喧嚣的火车站，有喜有悲，明明是那么鲜活的场景，在三毛的面前只呈现那剥落后的单调苍白。

三毛缓缓停在了站台上，像老式的老爷车，经过一番风驰电掣，最后因无奈的老旧，而缓缓停止了它的行驶，作最后的告白。

那里有三个士兵，看见三毛后停止了交谈，他们是否被这个神奇女子的魅力征服。

三毛也默默地看着他们，他们专注地对望，没有眼神的交流，只是一种对望，没有情绪的冷漠。

三毛被分裂成了两个，一个踏上了火车，即将随着呜咽的哨笛奔向不知名的地方；另一个悬浮在空中，冷漠地看着这一切，飘浮在这世界之外。

看着那用力拴住火车的清瘦的手、细长的手和那双手的主人，被风拉起的长发，凌乱地摇摆。

坚守，月台依旧，火车还是在站口停留，呜咽的哨笛声响，摄取三毛剩下的魂魄，魂归梦兮。

一片叶子，游荡地来到身边，由绿色变成黄色，最后鲜血般的暗红。没有风的撑托，停留在静止的空间里，和三毛久久地对峙。

突然一阵大风刮来，打破了这种沉默，红叶被卷进了旋涡之中，黑洞突地出现在三毛眼前。

梦到此终止，最后的一幕被静止，定格的一刹那，在三毛脑中成了永恒。

屋外是静谧的夜，疏朗的夜空，清浅的月光在屋内缓缓流动。醒来的三毛，看着所喜欢的夜。窗外隐隐约约远山的轮廓，海水拍打着岸边，声音在耳边细细回响。

这里是拉芭玛岛，三毛和荷西的家。身旁的荷西，睡得安稳，睡得深沉。白日的辛苦，让他在妻子噩梦惊醒后仍然没有醒来。平常的面容，嘴角最正常的弧度，三毛深深地看着，描绘着他的眉，他的唇。

百年修得同船渡，千年修得共枕眠。她与荷西是注定的缘分，一定可以携手百年。有了这一世，下一生不会再强求。

1979年9月30日，荷西远离了挚爱，回到了大海的怀抱，他另一个深爱的情人。

三毛连续的噩梦最终被应验了，可怕的死亡信号，从荷西身上传出来。

这是三毛的父母第一次见到荷西，结婚前一天才收到电报，三毛也从来没有把这个女婿领进娘家。这是他们第一次看见荷西，也是最后一次。

三毛陪着父母到处游玩观看，荷西则留守在家。闲来无事，如往常一样，荷西去海边捕鱼散心。没有三毛的日子，对爱妻如命的荷西来说真的是很煎熬的一件事情。

他潜入海底，再也没有出来。任三毛在海边千呼万唤，荷西投入大海这个情人的怀抱依然是坚定不移。这个时候，三毛的爱情也不能把荷西收买了。

得到消息的三毛，赶紧买了车票，与父母火速回到拉芭玛岛。三毛请人去海底寻找，向耶稣祈求祷告，求上帝让离家的丈夫回到他妻子的身旁，他的妻子不能没有他。

上帝，用我所有的忏悔，向你换回荷西，哪怕手断了，脸丑了，脚残了，都无所谓，一定要把我的荷西还给我。三毛在虔诚地祈祷。

一夜之间黑发变白发，一朝之间相守已相离。荷西的离去，带走了三毛头顶上的那片天空。孱弱的身躯，孤单地摇晃在这天地之间。

两天之后，荷西的尸体被打捞上来。三毛的呼唤上帝听到了，他让荷西回来了，却是没有呼吸的荷西。

大海的涛声依然继续，没有因为谁而乱了节奏。深爱它的人的投怀也没能改变那寂寞的频率。

三毛的灵魂也去向了海里，荷西的离去她要跟随。一个人生活已没有意义，但三毛还不想死，她惧怕了死亡，两次的寻死都不成，如今却带走了荷西。

由于在水中泡了好几天，荷西肢体僵硬，脸部水肿，非常难看。陈嗣庆夫妇阻止三毛看易容。发了疯的人是最无惧的。三毛还是不顾一切地冲了上去，生前没有看见最后一面，死后，她也一定要一顾君颜。撕心裂肺地哭喊，把前世今生的眼泪一起流干。

荷西的伤口突然流血不止，这是一个唯美的爱情故事。我们只能相信那是荷西的眼泪，他用他的鲜血来陪三毛一起哭泣。

梧桐半死清霜后，头白鸳鸯失伴飞。从此，三毛失去了她深爱的伴侣，神仙比翼亦不能双飞。

闻讯赶来的朋友们，为荷西守灵。但三毛执意不肯，这是两人最后的相处时光了，三毛绝不允许这个时候还有别人陪在荷西的身边。

朋友们都在外面守候，三毛牵着荷西的手。荷西睡觉，总是喜欢牵着三毛的手，夜里翻身，还会到处寻找给他安稳的那双手。

现在，那双手在抚摸他，拍着他入眠。仿佛之间，荷西身上的床单好像在一起一伏，三毛大声地叫着，他没有死。

三毛多希望此刻是南柯一梦，醒来后，你还是你，我还是我，大家都好好地活着，还在为柴米油盐争辩。

事实是如此的残酷，荷西真的离去了，与他一生唯一钟爱的女人，苦苦追求了六年的女人永远地告别了，甚至匆忙得连来世都忘了约定。

葬礼的前一天，三毛独自出了门，碰见了母亲也只是说出来逛逛，对于母亲三毛是深感抱歉的。

甚至是有些路痴的母亲，在这里语言不通，还是上街买菜，全靠手比画，那些晦涩的道路母亲是用了多大的毅力才能记下来。

父母头一次来，还没享受旅游的乐趣，却发生了这种事。身心俱疲的三毛，也就没有余力再去照顾父母了。

天还未全亮，雾就弥漫了整个墓园，严肃的默哀。墓地，是三毛儿时游乐的场所，受伤后舔舐的地方。然而，三毛今天来到这里涌起的是无限的伤痛。她亲爱的丈夫就要被葬在这里，今生今世，天上人间再不能相见。

三毛独自来到这里，是要为荷西亲手挖坟的。她要独自把坟挖好，一铲一铲的泥土都和着泪水，心里还要想，荷西死在他的另一个情人大海的怀抱，也算是无憾了。

手上的鲜血顺着泪水一起留下，每当三毛哭泣的时候，荷西都会把她拥在怀中，用他温暖的怀抱来抚慰三毛内心的伤痛。如今三毛心痛得快要死掉了，荷西你为什么还不出现，重新把心爱的人拥入怀中。

荷西被放进朋友们合买的棺材里，长眠在和着心爱之人血与泪的黄土里。生前，他为三毛造了完美的家；死后，三毛把鲜血滴入长眠之所。

三十岁，正是而立之年。一个男人最好的年华，雄心壮志今朝成。还没有来得及享受爱情，享受成功，收获喜悦，就被死神夺走了生命。还没有来得及为心爱的妻子留下遗言，留下一人做白头偕老的梦。

　　朋友们争着为荷西抬棺入殓，善良的荷西在死后得到了回报。下葬的时候，三毛悲恸地痛哭，疯狂得失去控制，三毛的父母死死地拽住她，也被她的疯狂感染。

　　葬礼，很不容易地继续下去。荷西的妻子阻挠丈夫的下葬，她破坏这个仪式，她不想让荷西就那样睡下。

　　一旦睡下，就永远都不会醒来了。三毛还抱着希望，做着美梦。如果不能醒来，在地下也不要安宁，三毛的痛，荷西即使死了，也要买单。

　　被打了一针镇静剂的三毛，如枯木般地躺在床上，悲伤的气氛，一直未散。痛不欲生的三毛，仍然喊着："荷西回来，荷西回来。"镇静剂的作用在三毛强大的心理悲伤下已经没有了作用。闻者伤心，见者泪流，上天怎忍心拆散这一对爱侣。

　　荷西的母亲和亲属也来参加葬礼，葬礼完毕。哭了一阵，他的母亲带着荷西的兄弟姐妹去街上，买了一些烟酒和手表等物品，只是因为这些东西在岛上免税，就匆匆登机离去了。

　　难道人死后，亲情竟如此淡薄。剩下的竟然只是财产利益分配的纠葛。虽然荷西的母亲儿女众多，但荷西毕竟还是她怀胎十月而生的啊。

　　荷西死了。留给三毛的是无尽的哀伤。三毛又变得孤独了，每天起床后，三毛都要去墓园，看看荷西，陪一下她的丈夫。

三毛只是安静地陪着荷西，凡尘俗世又怎是谁想做什么就做什么。一些善后事宜是必须要去做的。

三毛先去了殡仪馆结账，死人的钱是如何好赚，一朝一夕，甚至是一个呼吸的瞬间，也可能会有一个生命消亡。人生短暂，朝花夕拾，梦中花，水中月，不可拾，不可触，幻境消散，留下的人还沉溺其中。

警察局也是要去的，三毛把荷西的身份证、驾驶证，交到那里。还要向马德里公司索要合同证明，去法院申请死亡证明，法律就是如此不容人情，即使死了，还是会有一大堆麻烦事。

明之确凿的事情，还是要一针一线讲究证据，需要反复地法律说明，理不容法，法外却还有天。

每办好一件事，三毛心中就更沉重了一分，本就已是万箭穿心的疼痛，还要再砍上几刀。

三毛的父母语言不通，帮不上什么忙。只能看着日渐憔悴的三毛干着急，他们的女儿现在沉浸在失去爱情的痛苦中，亲情的伟大她还没有发现。

最后的一件事，那就是为荷西定做十字架。这是三毛自己设计的。

木匠店的老先生，用上好的木料，为三毛做好的一切。商人的唯利是图，在丧偶的妻子面前，一点恻隐之心也是可以有的。何况，这孤独的老人，也是了悟丧失挚爱的那种痛吧。同病相怜，天涯何处可消忧。

墓志铭上，刻着三毛对荷西说的话。

荷西·马利安·葛罗，安息。你的妻子纪念你。

三毛不需要帮助，没有了荷西以后，她就是自己了，没有谁再会那么无条件地帮助一个人，把沉重的十字架搬到墓园，来到荷西的坟前，空气中传来守墓老人的叹息。那么轻，那么沉重，风吹过，还留下无数的回音，呜咽地如泣如诉。

用手挖开黄土，搬走石块，把十字架订好。荷西的坟留着三毛的血与泪，如今那些红色还未深入地下。一层红装又为荷西披上。

三毛亲手为爱人筑好了墓园，便拖着沉重的脚步离开了，她太累了，需要休息一下，哪怕睡梦中那暗红色的暗潮把她淹没。

拉芭玛岛，是见证三毛和荷西幸福时光的最后一块土地。深秋的时光，秋风萧瑟。火山如蓝，残霞似血。这里，有三毛的幸福时光，美丽如城堡的家。可是它也带给了三毛巨大的疼痛，不能承受的痛。

噩梦的纠缠，悲伤的缠绕，这一座岛，在三毛眼中已是一座死亡之岛。它没有一点生气，从前的风景如画，此刻已经凋零不堪。

没有了你，我是谁

记得当时年少，你爱谈天，我爱笑，有一回并肩坐在桃树下。风在树梢鸟在叫，我们不知怎样睡着了，梦里花落知多少。

梦中梦，忆年少，镜中花，水中月，虚梦度一场，醒来不知是何年。

每思念一次，就会掉落一粒沙，最后成了撒哈拉。荷西的爱是浓烈的，三毛的爱却是沉重的。

荷西的六年等待，六年陪伴，十二年的光阴，三毛却用了一生去还，去思念。

而那个噩梦，一日密似一日地纠缠着上来。

平凡的夫妇，想起生死，仍是一片茫茫，失去了另一个的日子，将会是什么岁月。

三毛的伤，那么哀；三毛的痛，那么疼。她的生活里，终日只有荷西，倚着墓碑，回忆从前的事，两个人谈天说地，谈人生，说梦想，如今一切皆成飞花，空叹。

三毛的爸爸和妈妈来的时候，因为地域差异问题，荷西要叫陈先生、陈太太的，但这样的称呼，三毛是不赞成的。一定要叫爸爸和妈妈，两人已经是一体，爸爸妈妈当然都是彼此的，三毛不允许那么客气的称呼在他们之间。

荷西的英俊洒脱那只是在三毛面前的，他可以放开一切，不顾忌地与三毛相处。但，面对三毛的父母的时候，荷西是无比紧张，无比拘谨，自始至终都未能把爸爸妈妈叫出口。

吃晚饭的时候，正在收拾碗筷的三毛，忽然听见荷西说：爹爹，你叫ECHO准许我买摩托车好不好？

躲进厨房的三毛泪流满面，荷西要多大的深情才可以做到这样，如此女婿，陈父陈母怎能不欢喜，三毛怎么可以不得意，不幸福。

可惜就在三毛送别父母的那天，三毛飞离岛上，荷西还叮嘱早点回来，如今三毛回来了，荷西已经不在了。那样的永别，三毛怎么可以接受！

小的时候，三毛就经常去墓园寻找慰藉，如今，三毛比小的时候更孤独了。假如寂寞一直存在，那就不再是寂寞，有人陪伴再离开，寂寞便会深入骨髓，再也不会淡薄。

清晨的墓园，有风吹过，带来清爽的自然香气。早起的露珠，在枝蔓上凝聚，微风吹过，便归落于尘。

不远的山坡下，还能看见荷西工作的地方，模糊了双眼，山的那一侧一个男子跳入水中，扔出了一条条大鱼，与身边的妻子说笑。往事匆匆过，旧梦已不在，曾经的音容笑貌，随着人的死亡，就像古老的胶片，再放映也不是那么鲜活了。

古老的城镇，蔚蓝色的海。家已经不再是家，没有了荷西，三毛在哪里都是流浪。她总是痴痴地从清晨坐到黄昏，最温暖热烈的阳光也不能驱逐身边幽暗的死亡阴影。

墓园是温柔的，总是同一个守墓人，拿着一个大铁环，上面一把很古老的钥匙，摇晃起来，深沉得仿佛九天云外的声音。

太太，回去吧，天都黑了。

黑暗，三毛已经习惯，荷西死后，她的世界就没有亮过。三毛还是与他道谢，在后面亦步亦趋地跟着，穿过一排又一排的十字架，镇压那些亡命的冤魂。最后，来到那把钥匙的锁头处，看着身后那扇沉重的大门，生与死的分割就是如此简单。

出去时繁星点点，回来已是万家灯火。照亮了黑夜，光线的外围，黑暗从未远走。

荷西走了，也带走了三毛的爱与灵魂。

发生了这样的事情，看着如此颓废的三毛，陈嗣庆夫妇又怎么有心情继续旅游下去。女儿一个人待在这个地方，悲痛欲绝的人谁知道会做出什么傻事。

荷西给三毛的家不在了，但是还有生她养她的父母，还有她从小长大的地方，她的家不只这一个啊。亲情、爱情、友情，情到深处，何处不为家啊！

陈嗣庆夫妇极力劝说三毛回台湾，换个环境也许可以缓解伤痛，重新绽放笑容。

回自己的故乡去吧，让信仰为你积聚生命的光。

三毛应承下来，离开长眠的荷西，三毛心中全是痛苦，他们彼此都是孤单的，没有心的孤独。

1979年秋天，三毛一身黑衣，带着悲痛，随父母回到了台湾。

承载了浓浓乡情的地方，它是否可以安慰三毛的伤，包容三毛的痛，让三毛重新回到灿烂的自己。

一个月前，还与荷西约定，待到来年春暖花开，他便来到台湾，看看这养育三毛的故乡。是否也如他的妻子，那般美丽耀人。

虽然荷西在小的时候，就对神秘的东方充满了神往，尽管他这个中国女婿，已是风靡台湾，家喻户晓。

尽管有那么多的尽管，但是也只能停止了。

荷西太太的那一支笔，描述的并不只是民俗风情和风花雪月，还有她挚爱的丈夫，今生的最爱。

如今，东方之行还没有启程，就被终结，无情的海水阻止了他的前行。拉芭玛的海水，翻腾得再高，也不能越过山川穿过平原，把荷西送到他挚爱的妻子身旁。

未完的事，当事人已经死了，遗憾得不能再遗憾了。荷西想看孕育三毛的故乡，读者期待那个西班牙英俊帅气的男子，生命不能重来，如有来生，但愿不负时间空蹉跎。

三毛的泪，载着台湾的水，流过千山万水，把荷西来包围。睡熟了的荷西，在寻找心爱人的手，忽然传来三毛的气息，荷西安稳地长眠。

刚回到台湾的时候，荷西的死几乎压垮了三毛，她已经觉得生无可恋，人生无趣了。整日颓废，哪还有文章中那种张扬、灿烂明媚的少女模样，形容憔悴，荷西的死，带走了三毛的如花年华。

她想到了死，但是她还有亲人，还有朋友，他们都希望她活着，而三毛已对这个世界无望了，她的心里只有死去的荷西，父母的憔悴、父母的伤悲，都被荷西的死屏蔽了。

三毛还是想离开这个世界的，但她希望得到父母的同意，等待父母的点头，然后毫不犹豫地去追赶已走的荷西。生不能长久，死亦要相依。

母亲看着悲伤的三毛，总是以泪洗面，三毛是所有孩子中最让她操心的，也是她最疼爱的。

父亲不似母亲那般伤感无奈，三毛的自杀念头，压过了陈嗣庆长久以来对三毛自杀的忍耐线，在暗淡的灯光下，仍然可以看清父亲那悲伤到愤怒的表情。

他说："你讲这样无情的话，便是叫父亲生活在地狱里，因为你今天既然已经说了出来，使我这个做父亲的人，日日生活在恐惧里，不晓得哪一天，我会突然失去我的女儿。如果你敢做出这样毁灭自己生命的事情，那么你便是我的仇人，我不但今生与你为仇，我世世代代要与你为仇，因为是——你，杀死了我最最心爱的女儿。"

三毛一心要父母让其解脱，她却从未思考她为父亲母亲铸造了一个更加紧的牢笼，他们一直在其中蜷缩忍耐，他们不忍心伤害那牢笼，因为爱是牢笼的材料。

三毛很悲伤，刚停下的泪，又如雨水般降落，她不忍心，三毛认为此刻的她何其残忍，一个女儿，竟然要做一个刽子手，亲手毁掉自己的父母。

互相矛盾的爱，怎样解脱。人世间为何有如此多的无奈，为何人总是要被这个那个约束，为何想要做的事，想要得到的东西，总是要受到磨难，要经历波折，最后也未必会修成正果。

三毛的悲伤传递给她的笔，通过笔下的字，哀婉凄伤的气息，在字里行间弥漫。对于写作，三毛是有兴趣的，也是意兴而为的，她要写的永远都是她最想写的，因此也是最真实的。

但她不是一个尽职的作者，她收敛不了她的心情，改变不了自己悲伤的心境，她把她的悲伤通过纸，通过笔，又传染给了更多的人，让大家沾染上了忧伤。

很多陌生人也纷纷致信和唁电，大家用爱告诉三毛，她从来不是孤单的，即使失去了荷西，还有很多人在默默地关心她，爱护她。

对于三毛来说他们是陌生人，但他们却是三毛最忠实的读者，他们不仅喜欢三毛的书，更喜欢这个写书的人。

对三毛影响最大的是皇冠出版社的出版人平鑫涛和作家琼瑶夫妇。

在刚得到荷西死亡消息的时候，他们就立即向拉芭玛致电："ECHO，我们也痛，为你流泪，回来吧，台湾等你，我们爱你。"

三毛与他们做朋友是长大以后的事，但小的时候三毛就与琼瑶结缘了。

琼瑶那时也不会知道，有一个自闭的少女，每天黄昏蹲在门口，巴巴地望着报纸的到来，为的只是读琼瑶《烟雨濛濛》的连载。

在三毛出国后，母亲也因为三毛弟弟的事情而去找过琼瑶帮忙。

1976年，流浪在异国他乡的女作家第一次回台湾，去琼瑶家中拜访。那是三毛第一次和皇冠出版社的出版人见面，就是琼瑶的丈夫，也是台湾两位最负盛名的畅销书女作家的第一次握手，那一次她们惺惺相惜，她们互为姐妹，互为知己。

如今，久负盛名的女作家之一又回来了，只是不如上次意气风发，不像以前指点江山，挥洒间炫耀年华。

三毛带着一腔悲痛，回到了她的故乡。

知己有难，又怎可不理。琼瑶邀请了三毛来到家里，正是深秋季节，三毛抱着一束鲜红的苍兰去拜访。

深秋时节，黄色的天下，解脱的凋零，凄凉的生命。鲜红色的苍兰，如一朵奇葩，在颓败的秋天，绽放出耀眼的生命。

只是这生命被三毛亲手送给了别人，她只想随着这深秋季节，一起凋零，零落成泥。

那个时候三毛整日颓废，已有轻生的念头，只是内心的结无人能解开。琼瑶和三毛谈了七个小时，就是要三毛放弃轻生的念头，没有得到肯定的承诺，就坚决不放三毛回去。

三毛后来回忆说："自从在一夕间家破人亡之后，不可能吃饭菜，只能因为母亲的哀求，喝下不情愿的流汁。那时候，在跟你僵持了七个小时之后，体力崩溃了，我只想你放我回家，我觉得你太残忍，逼得我点了一个轻微的头。"

三毛就像一个头昏脑胀的人，却还要仔细听耳边不断响起的声音，明明是那么需要安静，却还要仔细聆听每一个内容。

琼瑶是一个优秀的谈判家，也是一个劝慰人的能手，不仅得到三毛不会轻生的承诺，还有些得寸进尺地逼迫三毛回家的第一件事，就是要对母亲说，她不会自杀了。

三毛随时可以选择死亡，但是她父母的生命跟着她一直都在颤抖，女儿是父母心尖上的肉，割下去，那可是生生的剜心之痛啊。

　　三毛才回到家里，琼瑶的电话就来了，直接就追问三毛是否对母亲说了那句话，三毛痛苦着答应后，才放下电话。

　　琼瑶对待三毛是残忍的，但三毛何其不是一个冷酷的人，终日沉浸在自己的思想中，惶惶地想着自杀，她寒的又岂是一个人的心。

　　琼瑶可谓用心良苦，三毛也并没有辜负这番苦心，对于这个姐姐的话，她还是可以接纳的。父母和亲友的劝说，让三毛暂时放弃了自杀，她决定做一只不死鸟。

　　"在这世上有三个与我个人死亡牢牢相连的生命，那便是父亲、母亲，还有荷西，如果他们其中的任何一个在世上还活着一日，我便不可以死，连神也不能将我拿去，因为我不肯，而神也明白。"

　　安静始终不是去除悲伤的最好办法，它只是会让那些伤痛更加沉淀、深沉。终日在家的三毛，没有了荷西，便受不了那些居家的简单日子。

　　1980年的春天，春暖花开之际，三毛开始了她新的旅程。前往东南亚旅游，忙碌的旅途中，三毛内心的痛楚也减轻了不少。

　　三毛是喜欢自由无拘无束的，头顶蓝天，背靠茵茵大地，在阳光下欢笑，在雨雪中奔跑。

　　在旅途之中，三毛记忆最深的就是泰国之旅："那次在泰国海滩上被汽艇一拖，猛然像风筝似的给送上了青天，身后扎着降落伞，涨满的风，倒像一面彩色的帆，这一飞到海上，心中的泪滴出血似的痛。死了之后，灵魂大概就有这种在飞的感觉吧！"

荷西死了之后，三毛永远都是在悲伤之中的，一件小事就可以让她伤感很久，风帆的涌动，直入碧霄的幻觉，彰显的是坚强，是力量，三毛的心里竟然还会滴泪，血似的泪水落在心里，打个旋，又重新落回血液里，只是融入了刻骨的伤。

香港是旅途最后一站，三毛玩得也是很开心。弯弯曲曲的山径，开着车在上面奔驰，又九曲十三弯地开去浅弯酒店。车厢里的收音机正放着《橄榄树》，已风靡台湾和香港了，三毛却还未正式欣赏过。

名人，即使在过去还是未来都是会带来轰动的，都是不会孤单的。三毛这个名扬大江南北的作家，无论走到哪里，都会有轰动的画面。本就是一个光彩照人的人，自有那种让人夺目的光华。

被书迷簇拥、签名、拥抱，还有很多的应酬，繁多的饭局，三毛回家的一个月甚至都没有和家人一起好好吃过饭。

很多的演讲、座谈会，三毛希望忙碌让自己忘记伤痛，但她不希望无谓的忙碌让她忘掉自我。

酷爱宁静生活的三毛，对这红尘滚滚也应接不暇了。她又想一个人了，刚出来那阵三毛是孤单的，如今三毛又是一个人，她已是很孤独的了。

三毛想家了，那个美丽的大加纳利，荒凉的大西洋孤岛，有最美的风景，有三毛最爱的人。那个她离开了很久，如今想念着，也思念她的人，荷西，今生的最爱。

当一切尘埃落定，此情成追忆。却还是有人对这段爱情加以磨难，六年之后的台湾文化界，忽然有了荷西其实没有死的谣言。

有人说，荷西是一个优秀的潜水员，怎么能入水捕鱼就死掉了呢，死亡怎么会如此容易。其实只是因为和三毛感情不和，两人离婚，而三毛编造了一个死亡谎言罢了。

更玄的是，有人竟然说在欧洲碰见了荷西，还与其握手。那三毛又为何说荷西死亡了呢，然后刮起一阵猜疑风。总是有那么一些人看不得平静，也总是有些人想在浑水中摸鱼。

三毛也希望这个谣言是真的，也梦想荷西会出来证实这个谣言，三毛还在深深地思念他，如果给个地址，那么三毛会直接飞奔过去，投入已经阔别了六年的怀抱。

还有谣言称世上根本就没有荷西，三毛也没有这样的丈夫，这只是三毛的文学虚构罢了。

如果真是如此，那也足以说明三毛的想象力太丰富了，文学塑造能力太强悍了。

流言没有根据，风起时兴，风落时灭，三毛本是不欲理会的。但玩笑开得太过，还是会让人气愤的。三毛生气，她不允许她纯洁的爱情被别人污蔑，她不允许荷西要的证明被别人泯灭。

她很伤心地与父亲上了电视，打碎这些谣言，还一个清明的荷西，留一个真实的、真正的爱情。

天上的太阳快落山了，鲜艳的金黄被红色慢慢吞噬，回归最初的风景，回到日出的时光，西边晚霞映着东边的残月，漫天的繁星闪烁进了眼睛，从日出到日暮，从残月到破晓，始终思念着一个人，思念那份情。

第六章

走遍万水千山，逐梦一生

流浪远方

火车一站又一站地穿过原野，春天的绿，在细雨中竟也显得如此寂寞。

绵绵细雨最是滋生哀愁的好环境，在火车上独自飘摇，身边的座位上不断换着陌生的人，心里的很多话没有人来听，看着别的人成群结伙自是热闹，心中怎不伤感。

1980年4月、5月，三毛离开故乡，回大加纳利岛。这是三毛第四次自故乡去西班牙。

经过初恋的伤痛，有过求学的艰辛，西班牙有三毛的很多很多，她的回忆，她的伤痛，她的恋爱，还和她的婚姻相关。

四年前，三毛也是从这里飞回加纳利岛，失业的荷西，日日在海边盼望着她。

如今，她回来了，思念的那个人却不在了，没有荷西的城市，冰冷得像一座空房子。

那一年，花开灿烂，雪梨芳香。而如今，芳香却已不是当年味道了，人变了，时间也变了。留下的只是一席伤感的回忆。

三毛一直持续了一个月，4月出发，5月底才到，结束了流浪，回到的家也不是那么温暖了，空旷，滋生了寂寞。

其间，三毛在瑞士度过了一段时间。如果能够重来，三毛是不会再来到这个地方的，不会让噩梦重演一回，三毛那悲伤的始源。

在机场告别亲友，一个人走过那长长的走廊，冰冷的气流在长长的过道中回旋，距登机的地方还有那么远。经过中国香港和昆明，最后终于到了瑞士。

下机，三毛又坐了火车到洛桑。长长的赶路之旅终于结束，看着车窗外不断变换的景物，现在终于可以固定焦点了。就在下车的刹那，突然怔住了，仿佛还在模糊朦胧的状态中。那与梦中一样的古典车站，惊悚得让三毛多日未得好眠梦中的车站。

三毛寄住在她的瑞士朋友那里，很漂亮的一个外国女孩。在瑞士的这些天，三毛都住在这朋友家里。

游玩意大利佛罗伦萨就用了一周时间，三毛又去了阿根廷看望老邻居奥托一家。上车的时候，三毛又被那个醒目的阿拉伯数字6施了定身法，那是梦中她等待的那个站台。

送行的法国女友，竟然说出了那句话："再见了！要乖乖的呀！"更使她不可思议的是，在车厢里，竟然有三个士兵，草绿色的制服，肩上缀着红牌子，对着她微笑……

一切都是梦中的场景，都带着迷离的神奇色彩，三毛的思想，三毛的情感，三毛的梦，一切都带着那种诡异。如一个离奇的神话故事。

在巴塞尔迎接她的，是老邻居奥托的女儿歌妮和儿子安德烈，还有歌妮的男朋友。他就是"小瑞典"可爱的邻居——达尼埃，《稻草人手记》中那位巨人男孩。

在阿根廷，三毛度过了一个深情的夜晚。壁炉的火光氤氲得如一团红雾，照着一张张真诚的脸，他们已得知了三毛丧偶的消息，深情地挽留三毛在这里度过余下的生活。

三毛是孤独的，同时她也是享受这种感觉的。荷西死后，她回到了家里养伤，悲伤的气息不再那么浓烈的时候，她又离开了，让母亲一次次地亲眼看着她离开，三毛是不舍的，但那颗流浪的心是如此坚决，亲情在它面前也只有让步。对于奥托夫妇的挽留，三毛谢绝了。

三毛是幸运的，在她失去了一个幸福的家时，有人愿意给她一个新的家，给一个外来的人一生最好的依靠。不是不懂得珍惜，三毛感恩，感谢一切善意的人，但脚步还未疲惫，她还想继续走下去。

虽然拒绝了两位老人的好意，但三毛还是玩得很开心。

达尼埃深知三毛喜欢旅游和猎奇，拉着她，转了很多好玩有趣的地方。

加纳利海边的朋友，希伯尔来了，那是一个很瘦削的男子，与三毛的拾荒非常志同道合，在喜欢独处这方面，更是相同。

他告诉三毛，在一个月前的报纸上，看见三毛在新加坡被读者们簇拥得水泄不通，挤来挤去的时候，他心里难过极了，本就是一个悲伤流浪的人，怎么可以再承受在人群中漂泊无定根，随着潮流摇摆呢。

希伯尔又邀请三毛到他家里，他又拾到了许多好东西，献宝似的给三毛看。他让三毛挑一件久远的东西，作为一个念想，也是在告诉三毛不要孤独，朋友虽然不能时刻在身边，但友谊会持续的，会久远的。

三毛不想再见更多的朋友了，朋友只是一个定义，不在乎数量，当你孤单了，需要被帮助，朋友就是最好的依靠。三毛已经见了朋友，也在享受她的友情，去见其他的朋友也只是单调地重复。

告别了奥托一家，飞往奥地利维也纳，三毛的堂哥陈懋良在那里等她，他是家里的一只黑羊，而三毛则是另外一只。

二十年前，陈懋良撕毁了学生证，拒绝了再读书，向叔父陈嗣庆要求脱离学校，改学音乐，他不想再浪费时间，对于学习他是和三毛一样厌恶的，而音乐，他一直痴迷。

无奈，陈嗣庆只得为他请了家庭音乐教师。两人本就关系好，后来因为厌学，彼此惺惺相惜，关系倒是更亲密了。

三毛的暗恋也可以说是他促成的，伟大的画家毕加索，是三毛儿时深深迷恋的人，那一本画册就让三毛沉沦，那也是陈懋良送的，无意间，就打动了堂妹的少女芳心。

如今，两人都已成年，两只黑羊终于会晤，回想前尘往事，真是数不尽的年华。陈懋良已经成家立业，他一直在坚持他的梦想，如今在音乐之都做了一名音乐家，并娶妻生子，成就幸福家庭。

三毛成了一名作家，几度沧桑的爱情，一次让人惋惜惆怅的婚姻，如今又是孤身一人。

三毛带了几只撒哈拉威人的石鸟送给陈懋良夫妇，不算贵重，但是三毛最真挚的情意。堂嫂教会了三毛泡美味可口的鸡蛋，温馨的城市，温暖的人。

最后一站是马德里，和荷西相知定情的城市，本是温暖的阳光，照在身上有一种阴冷的感觉。

丈夫不在了，三毛是不想去婆家的，但不得不去，那个在丧礼上匆匆离去的荷西的母亲，如今又想要荷西的遗产，荷西的死她无动于衷，表现出那浅显的悲伤，荷西的财产，她却如豺狼虎豹般虎视眈眈。

这次，三毛就是想把财产分割清楚，可能就是来的最后一次了吧。

途经巴塞罗那，三毛决定待一天再走，美好的城市，还是要享受享受的，何况能拖一天是一天，三毛是真的不想去。那里没有真正盼她去的人。

三毛去了巴塞罗那的游乐园，像一个小孩子在木马上拼命地旋转，又去登吊车，感受风的呼吸，红色的棉花糖被风吹散开，飘啊飘，飘得没了颜色，不见了踪影。一直玩到万家灯火，或明或暗的光线，斑驳了一地，夜里的影子是如此支离破碎。

巴塞罗那，不同于旅游的地方，这里曾经留下了三毛的欢笑，记住了曾经那个明媚的少女。

八年前的雪夜，三毛从马德里坐车而来，和热爱艺术的"嬉皮"朋友夏米叶等人一起过圣诞节，温馨的节日，有着温暖的人。夏米叶是荷西的二哥，也是三毛的好朋友。

年轻的三毛，经历的悲伤不足以把她压倒，一直张扬放肆地生活。一个单身女子，尽情地享受独身的美妙。三毛身后还跟着个尾巴——荷西。圣诞过后，荷西和三毛在雪地里，同夏米叶挥别。

第二年，三毛就和荷西在撒哈拉结婚，只是三毛和夏米叶失去了从前的那份亲密。只有他们俩当年借一个婴儿拍的"全家福"，做了他们友谊的纪念。

三毛是有自知之明的，但是她忘记了曾经帮助她的人，曾经相伴的人，没有更多浓烈的感情，但却一直默默支持她。

荷西的妹妹伊丝帖，还算是当年荷西和三毛的红娘，没有她逼着三毛写的那封信，荷西可能现在还没有和三毛重逢，自那一年分别后，已过了六年。

丧偶的三毛，放弃了鲜艳明媚的装扮，一身黑衣，像一个修女，伊丝帖极力劝说三毛脱掉那身黑衣，像他哥哥活着那样，穿回七彩春装，还做回从前那个张扬、散发无限魅力的三毛。

婆婆和三毛争财产的时候，伊丝帖是坚决站在三毛这边的，她尊敬三毛，她也喜欢三毛，不惜吃里爬外。

夏米叶还是当年一样的艺术气质，他买来一束很大的玫瑰，很艳丽的色彩，多彩的艺术人生，他还帮助三毛偷了婆婆看得很紧的宝物，荷西的相册，那是婆婆看得很紧的宝物。

后来，他们没有忘记三毛。夏米叶还去岛上看望三毛，在夕阳的余晖里，两人坐在海滩上，一边帮三毛穿珠子项链，一边讲荷西小时候的故事。

在这个曾经熟悉，如今最陌生的地方，三毛真的是一个亲人都没有。荒凉的岛屿，寂寞的海滩，三毛一个人每天看着日出，等待日落，年轻的生命，如隐居般地生活。

自1980年5月到1981年夏天，三毛在这个荒芜的大加纳利，孤独了一年多，不知安谧的生活，是否磨光了她的红尘，荒芜了她的梦。

当年那个喜欢在坟边玩耍的小女孩，经过少女时代的孤闭，又有了一场惨痛的婚姻，她的孤僻性情更加严重了，她的心更加沧桑地老去了。

她酷爱宁静与孤独，她喜欢无人的角落，那样可以给她带来安全感，她有妄想症，觉得人多的地方，总是会发生一些不如意的事情。

在离城市二十多公里的海边社区，住着一些养老或退休的人，他们在这偏僻的地方静度余生。而三毛，那个名扬海内外的女作家，也在这里过着世外桃源的日子，她有老人的安静，有老人的沉淀，但是她还有年轻的浮躁与冲动。

纯白色的建筑面朝大海，背靠蓝天，海上的蓝色总是会被那白色建筑呈现，蜿蜒出一道道虚拟的海浪。

大加纳利岛南部的海沙是浅米色并且柔软的，而三毛邻近的这个却是近乎黑色的沙石。

远处岩石峥嵘，巨浪滔天，奔腾的海水，这是一个咆哮的海滩，无关天气，无关艳阳，它一直是雄壮而愤怒的。

三毛卖掉了和荷西的那个家，在附近又买了一座两层小楼的住宅，不知是睹物思人，抑或是经济上的调试，三毛重新建立了一个家，只有她自己。

新的房子也很是别致，院子内有一半的草，一半的砖，看着不荒芜，也不突兀。院子中间是一棵高大的相思树，枝丫重重叠叠地垂到树腰，柳树似的缠绵，思念得柔软。

客厅是三毛最喜欢的，拉上窗帘就是一个简简单单、温馨的家，把窗帘拉开，海景便画似的，映在了窗上，窗帘就是一块布幔，掀开它，便是最美丽的画。

蓝色的天，蓝色的水，连成一片，相交的线，如玻璃的裂缝，那么一种残缺的美，一个美丽的梦。

三毛对于美的追求，舒适的享受，永远都不会懈怠。

一把褐色的摇椅被摆放在窗前，当漫天星辰，星辉落下，打开温暖的落地灯，三毛就会拿出口琴，坐在摇椅上轻轻地吹《甜蜜的家庭》，那是她最爱的歌曲。

摇椅轻轻地摇，缓缓地荡，黏稠的思念，荡漾着微波，在漫天星光之下缓缓地动，静静地流淌。

站在加纳利荒美哀愁的海滩上，看着远去的漂泊的海船，拉芭玛岛就在对面，远眺可及的地方，那里埋葬着三毛的爱人，荷西。

那是一座死亡之岛，深蓝色的火山和神秘的巫婆，那里为三毛带来了驱除不了的伤痛，记忆中永远鲜活的苦痛记忆。她的丈夫荷西就长眠在那个岛上，一座安静的坟墓里。

1980年6月，三毛飞到拉芭玛岛，为荷西扫墓。时隔不到一年，坟墓的变化很大："冲到你的墓前，惊见墓木已拱，十字架旧得有若朽木，你的名字，也淡得看不出是谁了。"

人亦可刹那离分，何况荒凉的物，在晨起的雾，午后的晨昏，一点点地变，时间是静止的，却留不住沧海桑田的变迁。

三毛买来了笔和淡棕色的亮光漆，将荷西的墓铭，一笔一笔地重新填好，把爱的沟槽也一点一点填满，荷西生前，三毛没有说过她有多爱他，他死了，三毛的爱汹涌澎湃，压抑的洪水，在门闸放开的刹那，瞬间淹没了大地。

没有荷西的生活依然在继续，花季的那个梦，实现了，又破碎了，美丽的城堡终究还是童话，离开了与荷西梦幻般的生活，三毛认清了现实。

十字架和木栅栏也被重新刷新，三毛静静地在那里陪着，依靠在墓碑上。什么也不说，什么也不做，她只是想重温那温暖的怀抱。那个守墓的老人已经不在，没有人再与三毛分担忧伤了。

每一次来，三毛都要死那么一次，当时的悲痛如今依然清晰，"可是每去坟上坐下，便是要痛疯，他在水中起来的样子当初不该看的，而今一想便是要痛死"。

离开了荷西的痛苦是不能被消磨的，也不是可以减少的，三毛只是把它沉淀，融进血肉里，一点点兑现。寂寞的时候，安静的心，也是会想得更多。

隐居的心灵，并不寂寞。对荷西的怀念，占据了她全部的情怀。

三毛虽然隐居，但她不是要做一个木头人，她有躯体，有思想，生活还是要继续的，没有谁会没了谁而不能活，只是在于活得好或不好。

1980年的夏天，三毛和几个乡下的男友上山去露营，一个女子，从来不会被性别限制，很多男子也不如她。

三毛自小是体弱多病的，长大更是平添了很多病症，突然的胃疼，三毛竟是任性地不告而别，独自开着车，随着月光回到了家里。

"望着那片牛羊成群的草原和高高的天空，总使我觉得自己实在是死去了，才落进这个地方来的。"

人是脆弱的，正如由俭入奢易，由奢入俭难。得知了其中的美妙，就耐不得失去的伤痛。

三毛享受寂寞，但她还生在红尘，一年的隐居生活，便画上了寂寞，她从来都是喜欢寂寞的，但却是耐不住寂寞。

悲伤与欢乐，都经不起时间的消磨。尽管它们在消磨殆尽之后，依然会像一口远钟，时常荡来不灭的回声。

一年之前，三毛下定了决心，老死在海滩，绝迹于红尘。一年之后，收拾了包裹，三毛又回来了，她只是说想念双亲，红尘中的唯一牵绊。

1981年5月，她接了一个长途电话。邀请她回台北，参加台湾1981年度广播电视"金钟奖"颁奖典礼。

在电话里，三毛是一口回绝了的。放下电话后，又犹豫了，三毛拿起电话联系台湾的家人，本来是要与父母商量的，结果母亲的声音一传来，三毛脱口而出："妈妈，我要回家了。"

父母之爱才是永生的"乡愁"，无论生死都是永远相陪。

父母的爱，让三毛结束了隐居，但并不是唯一的原因，滚滚红尘，花花世界。三毛毕竟是一个年轻的女性，结婚前对生活也是浪漫而狂热的，就像为人子女可为了父母在家相伴，但也不可能是一生一世，每个人是有那个度的，过限了，那就是不一样的了。

八年前，三毛在撒哈拉度过了两年多的岁月，那前世乡愁的地方，后来又去了大西洋海岛生活了四年，前世乡愁今生度，那今生的又要怎样偿还呢？

　　夫妻的生活，平凡简单，但又是独特的，三毛有奇思，配上荷西的妙想，真是一对神仙眷侣。每日都与荷西在一起，三毛的时间都不够，又哪里会有思亲之苦，两个人，三毛以为那就是一世，那就是一辈子。

　　黄沙漫漫，尘土飞扬，愤怒的海涛，峥嵘的岩石，只要有荷西，一切都是合情合理的，都是那么美妙。

　　如今，三毛已是大西洋海岛上一只孤独的海鸥，在蓝色的海洋上空盘旋，找不到方向，找不到家。

　　既然蓝色的海洋上没有她的家，三毛回到了陆地，那个她遗弃的地方，如今毫无保留地接纳、包容她。

　　她或许明白了，那些关于斩断红尘的种种古怪念头，都是佛家们的谒语，生于红尘之人，虽被红尘所累，但离开这尘世，也不可能生。

　　三毛安静了她的浮躁，静养了身心，重新回到她的故乡，暂与诳语告别，回归那里的灯红酒绿、觥筹丝竹。

　　作为台湾的畅销书作家和"青春偶像"，三毛总逃不开那些又热又浓的欢迎场面，生活又回到了从前那个时候。

　　安静跟喧嚣总是持续交错的，三毛回家待了一段时间，又开始了她的旅程。

　　这次三毛不单只是满足精神的享受，在《联合报》的资助下，三毛不仅有经济资助，还有随身的摄影师。在滚滚红尘中，三毛不必躲在城堡里静静地啃指甲了。

从前的自闭少女，如今已是光芒四射，那个小小的黑屋子，也关不住她的心了。

1981年11月起，三毛从中国台北启程，经北美，飞抵墨西哥，持续了为期半年多的中南美洲旅行。

行走在万水千山，执笔于心中沟壑，每一个地方，总有它的故事，每一个故事，展示它独特的风情。

三毛是一个"花心"的人，她执着于寻情，她又是一个多情的人，留下她的足迹，留下她的年华，缠绵的藤蔓还没有蔓出，她就已经抬起了脚，离去。

一生诗情

红尘白浪两茫茫，随缘岁月几度，终身难安于立命，几度春秋，几许年华。

三毛的文章是生活，是经历，再加上梦想。杨柳微摆，那是轻风在动，枝丫纠缠，那是一种缠绵，简单随意，就只是因为简单，因为随意。

幻想出来的东西，让人有些迷恋，但不会给人沉醉的感觉，只有最亲身的经验，最贴切的表达，才能最深入情境。

十七岁少女的《惑》，表现了一个自闭少女的迷茫，内心渴望爱，渴望被关注，一个人总是会有些懦弱的，孤单就是最大的弱点。

这是三毛发表的第一篇文章，三毛也是极其自豪的，她写的文章从来没有被退稿的情况。

在那之后，三毛陆续有了很多作品，但最经典的还要数去沙漠之后的。

《撒哈拉的故事》，三毛用文字见证了她的奇迹，第一个在沙漠上行走的女人。

那里有哭笑不得的芳邻，还有对三毛倾心的同事，以及喜欢英俊帅气的荷西的人。

有一篇文章是《我的另一半》，当然，三毛的另一半就是荷西，但两人都不承认这样的说法。自己的就是自己的，怎么可能再分给彼此，两人都崇尚独立主义。

荷西给了三毛最大的自由，让她做她想做的事，但是无规矩不成方圆，无法不成国，夫妻间还是有最根本的不能超越的底线。"小三"，古今中外从不缺乏的存在，在这个神仙眷侣的家中也不例外。

只不过是三毛的追求者追到了家里，而三毛则是从苗头抓起，有美女的出现，三毛就绝不会放纵荷西的眼睛，夫妻间的情趣，一个愿打一个愿挨了。

《我和大胡子》中，那个英俊爽朗的西班牙男子，翻山越岭来到了三毛的家乡中国台湾。他也是风靡一时的人物，三毛的情，三毛的爱，她从来也不限于用文字炫耀她的幸福。

三毛的创作热情从来不缺乏，在那贫瘠的沙漠，她有写作的最大热情。浅显简单的文字，妙语连珠的故事。有很多人评论，三毛那时候的文章浅显没有深意，像给小孩子看的，但谁在乎呢，三毛是不在乎的。

三毛只是做她喜欢做的事，写她想写的文字，如果小孩子对她说，你写的故事很有趣，那么，三毛会非常高兴，她认为她写的东西有人看，被人看懂，那她就成功了。

离开了沙漠，离开了那里可爱的人，那漫漫黄沙，三毛的文学并没有枯竭，沙漠上，一望无际的黄沙，三毛的创作源泉也延长得那么远，覆盖得那样广，有生活，就有创作。

从沙漠到海岛，三毛继续她的文学创作。特别是在荷西失业的那段时间，三毛拼命地创作，微薄的稿酬就是家里唯一的经济来源。虽然这对小夫妻成了名人，与众不同的人物，但还在为生计哀愁，光芒的背后，有的还是众生的平等。

那个时候的文学，对三毛来说，是樱桃还是蛋糕，三毛也说不清楚的吧。

1978年的冬天，三毛和荷西住在丹娜丽芙。夜深人静，才是灵感最多的时候。黑夜暂时阻止了白天的喧嚣，繁华过后，黑夜释放了最纯净自然的美，净化心灵，净化心中编织的那个美丽故事。

三毛便每日夜间创作，她发现荷西因为她夜间写作而不能入睡，便停止了写作。搁笔大约十个月，没有一部作品问世。

写作是三毛的爱好，但荷西却是三毛的全部。有荷西的拥抱，生活就不需要别的调味剂。

对于有的作家来说，写作是他的生命，是他的全部，生活中如果没有文字，那他就会活得生不如死。

三毛的写作就只是写作，最开始是爱好，后来为了稿酬，三毛的写作没有轰轰烈烈，也不是天崩地裂，或者苦修二十余年，最后终成诗作。

她的字很是简单，只是因为写而写，想写而写，如此而已。她不求她的作品流芳百世，她的作品也不是什么经典著作，只要有人看，有人喜欢，那就够了。

后来，两人到拉芭玛生活了七个月，同样没有一篇作品问世，直到荷西逝世。如果荷西一直活着，三毛或许就再无作品，也可能不会有后来那些游记，荷西毁了三毛，可他又成全了三毛。

荷西的死让三毛悲，荷西的爱让三毛痛，荷西陪三毛做了一场很美很幸福的梦，但却没有陪到最后。

梦初醒，花已落。三毛对这个人世绝望，一切的幸福都是镜花水月，求不得就不求了，三毛是浑噩着过的，生活就是那样得过且过。

在海岛上的时期，就是三毛沙漠文学的第二时期，三毛大约有两年的创作时间。虽然创作时间只比在撒哈拉多了几个月，但她的作品，却多了很多。

这一时期的作品，要比《撒哈拉的故事》成熟得多，三毛由一个青涩的作者慢慢变成成熟的作家。熟能生巧，写作也不例外。

个别作品达到炉火纯青的地步，内容更加充实，思想更为丰富，塑造出了很多生动精彩的人物。

在她的作品中，更能看出三毛灵动的思想与对生活的细腻。情节人物虽天马行空，但读者总会那么有同感、那么熟悉。

在沙漠文学的第二个时期，三毛作品的内容大致可分为三类：一类是沙漠故事；一类是海岛故事（大加纳利岛和丹娜丽芙岛）；一类是她去撒哈拉之前的早期生活。其中，以反映沙漠时期的作品最精彩，几乎每一篇，所蕴含的思想和内容分量，都超过了她沙漠文学第一时期的作品。

《稻草人手记》是三毛离开撒哈拉后的第一部作品集。有趣的是，收录的十三篇作品中，没有一篇是属于沙漠的。大概是离开了沙漠，对沙漠的理解也就终止了，也或者是习惯了沙漠生活，想换一种口味吧。

那十三篇作品都是一些生活小品故事，没有特别出色的作品。简单通俗的故事，诙谐的描写手法，塑造一个个或尖酸、或勇敢的人。

《稻草人手记》是三毛沙漠文学时期分量最轻的一个集子。这本文集涉猎的范围很广，比以前的作品广泛博杂得多。时代也跳转得很厉害，地点也不断地变化，把三毛少年时期、留学时期和在加纳利岛时期的生活，都很生动地展现出来。

出现了一些新人物。如婆婆（荷西母亲）、米盖（荷西同事）、卖花女（加纳利小贩）、达尼埃（岛上邻居）等。这里面，婆婆的形象，三毛写得很是有趣。

在三毛的笔下，婆婆的形象一再出现，却一次比一次面目可憎。婆媳关系，永远是一道难解的题，只能用道德来束缚，却又是那么微弱。

在《稻草人手记》中，三毛的婆婆总共出现了两次。第一次是《亲爱的婆婆大人》，写三毛初次拜见婆婆，在马德里相处的一段日子。

两人对于荷西都是很自私的人，一个要抢回自己的儿子，一个要守护自己的丈夫，对对方颇有敌意。

三毛对荷西是骄横的，但也是温柔的，她愿意为荷西做一个小女人。

经过三毛的主动示弱与种种努力，她终于获得了婆婆的好感，最后终成化敌为友的喜剧。

散文《这种家庭生活》是第二次，讲述的是荷西和三毛从撒哈拉战火中逃离出来，一贫如洗的时候。

婆婆带着女儿、女婿和外孙来这里旅游，买了很多商品，商品在这里是免税的，婆婆购物很是疯狂。

她对儿子的困境置若罔闻，还带来很多麻烦，而且还大揩其油。婆婆不再是亲爱的，而是一个年老的巫婆，吝啬而又缺乏爱心的母亲。

这个不是喜剧，三毛写这个可能也是愤怒的吧。对于婆婆，她一直都是敬而远之的，在荷西的葬礼上，婆婆的爱依然还是那么吝啬。

在三毛后期的作品中，婆婆又出现了两次。一篇是《似曾相识燕归来》。守寡的三毛来到婆家，婆婆费尽心机，与儿媳争夺荷西的遗产，明明对荷西的爱那样少，却又要求荷西更多的财物。

另一篇是《背影》，追记婆婆在荷西葬礼之后的种种恶劣表现；哭号几声之后，便带着其他亲属们，到街上抢购免税商品，等等。

在三毛看来，婆婆玛利亚简直到了薄情寡义的地步，尖酸、刻薄，和全天下的坏婆婆一样。与她可爱的儿子荷西，真是相差万里。

尽管三毛自视浪漫、脱俗，但在婆媳关系方面，与天底下大部分儿媳妇相似。

小说散文集《哭泣的骆驼》，大致和《稻草人手记》创作时间相同，共收入九篇作品：

《尘缘》（代序）《收魂记》《沙巴军曹》《搭车客》《哭泣的骆驼》《逍遥七岛游》《一个陌生人的死》《大胡子与我》《哑奴》。

除代序外，其中五篇是沙漠故事，另三篇主要是海岛故事。经过一段时间的沉淀，沙漠故事在三毛的笔下，不再浅白，除了故事还带有更深层次的东西，或多或少地更丰富和深厚了一步。不是刻意为之，只是自然，就那么自然地表达出来。

五篇沙漠作品中，以《沙巴军曹》和《哭泣的骆驼》较为突出。其中《哭泣的骆驼》是三毛一生所有的沙漠作品中，最优秀的一篇。在《撒哈拉的故事》和《稻草人手记》中，三毛的作品，以轻松活泼的喜剧和一些居家、旅行的小品文为主。

与它们不同，三毛开始揭示悲剧，诉说一些沉重的故事。八篇作品中，《沙巴军曹》《哭泣的骆驼》《一个陌生人的死》和《哑奴》，或悲壮，或惨烈，或孤哀，或伤离。这一幕幕感人的悲剧，占了全书的一半。

《温柔的夜》是三毛沙漠文学时期出版的最后一部集子。书中除《寂地》一篇为沙漠故事外，其他六篇均以海岛生活为题材：《五月花》《马德拉游记》作于大加纳利岛；《温柔的夜》《石头记》《相逢何必曾相识》《永远的马利亚》则成稿于1978年的丹娜丽芙岛。

《寂地》是迄今见到的三毛沙漠作品中的最后一篇。是关于三毛夫妇和朋友们在沙漠夜营、篝火谈鬼的故事。小说语言简练细腻，想象丰富迷离，气氛神秘扣人心弦，其情节、风格与屠格涅夫的名著《白净草原》极为相似。

文集中另一篇引人注目的作品，是《五月花》。它是三毛反映海岛生活的不可多得的一篇力作。

1977年，丈夫荷西为了赚钱，到艰苦的尼日利亚的拉各斯做工。老板汉斯是个贪婪没有信义的家伙，迟迟不发给荷西薪水，还很阴险狠毒，扣下了荷西的护照。荷西忍气吞声。三毛从加纳利去探望丈夫，本以为能够享受天伦，欣赏热带五月的繁花。

可是遭遇的却是一场同老板的夺薪战。她没有看到五月花，得到的只是心力交瘁和丈夫的一小部分薪水。

《五月花》采用日记体，详细地记叙了她和汉斯一个月的斗争。软弱而有心计的同事路易；俗艳又吝啬的非洲老板娘杜鲁夫人；品格不高的冒险家汉斯和他的娼妓般的小情妇英格……在三毛的笔下，被刻画得十分传神。

本文的素材，是三毛的真实生活经历，三毛本人一段颇受刺激的亲身经历，荷西也确实被那个老板剥削。

这篇作品的心理发展，把握得很有层次，情节安排丝丝入扣，引人入胜。开头、高潮与结尾跌宕起伏，引导读者跟着节奏走。

《哭泣的骆驼》，有人想请三毛把这个故事写成剧本，但是三毛拒绝了。对于影视那些东西，三毛是不感兴趣的，她还曾经劝说琼瑶好好地写书，不要做那些无聊的事。

可后来，三毛也写了《滚滚红尘》的剧本，是三毛在病榻上完成的。三毛从小就是很爱看电影的，后来还和林青霞、秦汉做了朋友。

时间在变，空间在变，即使你不做任何改变，你还是变了。世间怎么会有永恒的东西，时间的打磨，岁月的雕琢。

在三毛一生众多文学作品中，沙漠故事是最为脍炙人口的，诙谐、有趣，又充满了特色的异域文化。小说《哭泣的骆驼》，是其中最优秀的一篇。

故事发生在战云密布、三毛即将逃离撒哈拉的最后的日子里。阿尤恩有一位美丽绝伦的姑娘沙伊达，她的文明让人钦佩，她的教养让人佩服，高处不胜寒，正因为被很多人喜欢，也就被更多的人讨厌。

她遭受到了众多撒哈拉威土著人的妒忌和鄙视。她的丈夫是撒哈拉威人的英雄——声名赫赫的游击队领袖巴西里，为了族人，为了自由而奋斗。由于同族的愚昧，他们的爱情不能公之于众。

粗鲁残暴的阿吉比，是当地富商的儿子。他看上了沙伊达，却被这位高傲的姑娘拒绝。他的心中燃烧着报复的火焰。

阿雍镇上的警察奥菲鲁阿，是三毛夫妇的好友。一天晚上，他把沙伊达带到三毛家里，她和三毛成了朋友。后来，三毛知道，沙伊达的丈夫巴西里，就是奥菲鲁阿的哥哥。

西属撒哈拉面临自决。沙漠的镇上，风声鹤唳。西班牙人纷纷撤离。与此同时，摩洛哥军队开始了对这片沙漠的远征。强敌到来之际，撒哈拉威人迅速分化，有的人家已经挂起了摩洛哥的国旗。

三毛临行前的一个夜晚，突然，巴西里和沙伊达来到三毛家。巴西里请求三毛关照他的妻子，带她一起离开沙漠，三毛同意了。

天亮后的阿雍镇，充满了不祥。巴西里遇害，他死在同胞的手里。可怜的沙伊达，落入了阿吉比手中，被强奸害死。奥菲鲁阿也倒在血泊里。

驾驭如此重大事件和纷繁情节，《哭泣的骆驼》无疑是出色的。

它以倒叙开头，读者顿入悲剧气氛："我闭上了眼睛，巴西里、奥菲鲁阿、沙伊达他们的脸孔，荡漾着似笑非笑的表情，一波又一波地在我面前飘过。我跳了起来，开了灯，看看镜子里的自己，才一天工夫，已经舌燥唇干，双眼发肿，憔悴不堪了。"

主人公的陆续出场，都安排得恰到好处。奥菲鲁阿和沙伊达是在一场情斗的传说之后，在故事冲突中出现的。其后，节奏稍弛，三毛夫妇在一片诗意的血色黄昏中，与巴西里相识。接下去的情节发展越来越快，弦越绷越紧，直到沙伊达惨死，真如"银瓶乍破水浆迸"，小说方在骆驼的悲鸣中结束。

人物的塑造无疑是成功的。尤其是沙伊达，着力最多。她用白描和衬托的手法，描写初见沙伊达："灯光下，沙伊达的脸孔不知怎的散发着那么吓人的吸引力，她近乎象牙色的双颊上，衬着两个漆黑的深不见底的大眼睛，挺直的鼻子下面，是淡水色的一抹嘴唇，消瘦的线条，像一件无懈可击的塑像。那么优美，目光无意识地转了一个角度，沉静地微笑着，就像一轮初升的明月，突然笼罩了一室的光华，众人不知不觉地失了神态，连我，也在那一瞬间，被她的光芒震得呆住了。"

随后，沙伊达的形象逐渐丰满：高贵，超俗，对族人和爱情的忠诚，果敢，刚毅，淫威不屈……三毛对撒哈拉和撒哈拉威人很有情感。她对沙伊达的诗一般的赞美，多少寄托了作家对她所深爱的这片土地和土地上的人的理想。

小说的群像描写，格外生动，如一群蒙昧的土著姑娘，横七竖八地坐在地上，诽谤沙伊达；如荷西同事们黑压压地挤在一起激动地讨论政局；如撒哈拉威人向联合国考察团请愿呐喊的场面，都写得栩栩如生。

从题材、语言和叙述技巧等方面，《哭泣的骆驼》达到三毛文学的炉火纯青的高度。它是一篇震撼人心的悲剧故事，一首史诗。

《哭泣的骆驼》是三毛的巅峰之作。三毛已经拥有成为一位伟大作家的天才和潜力。她离一个伟大作家的距离，并不遥远。遗憾的是，三毛在之后的文学创作中，并没有沿着《哭泣的骆驼》继续往上攀登。她只是偶然爬上了一个文学高峰，然后，又慢慢地下来。

无论生前还是死后，她的作品依然受到广大读者的欢迎，畅销不衰。

美丽的开始，总是要有个悲凉的结局，才会更有诗意。三毛让我们见证了奇迹，看见了她的阳光，最终却死在了那么黑暗的地方。

滚滚红尘如一梦

生活，缓缓如夏日流水般地前进，不要焦急，生的时候，不必期望死的来临，这一切，总会来的。

人之所以悲伤，是因为我们留不住岁月；而更无法面对的是有一日，青春，就这样扬长而去。

青春是最好的年华，如花的季节，可以肆意绽放，青春逝去又会感伤过往。

三毛从来不在乎时间的长短，她只是注重时间的高度，人的生命不在于长短，在于是否痛快活过。

三毛一直在期待死亡。等了很久，从三十岁等到了四十岁，如今五十岁即将来临，三毛在这个尘世多活了十八年。

当期待已经不在，生死就不再是由天定夺的了，三毛一直如一个灵魂般流浪，她想安定，她想回归，死亡就是最好的结束，什么责任，她说过什么也无所谓了，死了就一切都结束了。

那个人一直云一般的缥缈，雾一样的朦胧，如今只是化作了雨，又被慢慢渗透，就那样彻底消失了。

1991年1月4日，凌晨2时左右，三毛在台北荣民总医院，用一条咖啡色丝袜结束了生命，享年四十八岁。

已是过了青春年华，早已成熟不似年轻的冲动，正是生命沉淀的时候，三毛离开了，获得了一己解脱，而让无数人为之流泪悲痛。

　　在1991年1月2日的时候，下午4时30分，台北荣民总医院来了一位很特殊的病人，那就是三毛。

　　体弱多病的三毛，住院已是家常事，这次的病因是：子宫内膜肥厚，影响荷尔蒙分泌。不是很严重的病，更不是绝症。

　　三毛的母亲得了绝症，三毛一度怀疑自己也命不久矣。她对人说，她可能得了子宫癌，神情悲戚黯然。三毛在和青少年的通信中，不止一次地祝福他们，健康一些，再健康一些！

　　三毛没有死于疾病。但她的死，与病痛也不无关系。如果身体强壮一些，许多烦恼和神经质的反应，都会比较容易对付。

　　她的病房，在中正楼A072室。这是一间带有浴室卫生间的单人病房。检查病情的时候，没有发生特别异样的事情。三毛对治疗很是配合。

　　1月3日。上午10时，赵灌中大夫为三毛做手术，清除掉子宫内膜肥厚部分。手术仅十分钟，很顺利。之后，她的荷尔蒙分泌恢复正常。

　　赵大夫对三毛说，她患的是一般性疾病，不是癌症，很容易治疗，也不是什么会死人的病。手术后服用药物，内分泌就会慢慢改善，月经也会正常。

　　医院安排三毛5日出院。年迈的父母，陪在病床前。三毛在手术全身麻醉醒来后，要母亲替她梳洗一下。三毛说，约好的心理医生，一会儿会来看她。三毛最近的精神很是不正常，也总是会有幻觉产生。

然而，等了很久，母亲并没有发现心理医生的到来，这个时候的三毛神智也不是很清醒，说的话也总是让人分不清真假。

三毛说过一句话："我已经拥有异常丰富的人生。"

在病床上，三毛告诉母亲，她突然产生了一个幻觉："床边有好多小孩跳来跳去，有的已长出翅膀来了。"

三毛的幻觉时常发生，她是个想象力非常丰富的女人，从她的作品中可以看得出来。没有人会觉得不正常，因为这对于三毛来说是很正常的事情。

三毛吃了一点东西。对父母亲说道："我已经好了，没有病了，你们可以回家了。"

陈嗣庆夫妇离开三毛的时间是晚上8点。据陈嗣庆回忆，分别时，女儿没有说什么特别的话，仍旧是往常的那副样子。

大约过了三个小时，母亲早已回到家里，接到了来自医院的电话。没有什么特殊状况，那是女儿与母亲的谈话。依然是病情，开始三毛的语调很是平稳，忽然就听三毛在电话里，很大声、很急切地，吐噜吐噜地说了一串话。

母亲年纪大了，也听不清三毛在说什么，等到又清晰的时候，三毛在那头说："那些小孩又来了。"三毛总会出现幻觉，母亲便说："也许是小天使来守护你呢。"话筒里传来很凄凉的一声笑，三毛就挂断了。

母亲年纪本来就大，还要为这个也是母亲年龄的三毛操心，三毛自杀只是为了自己，却从不想上了年岁的父母白发人送黑发人又是怎样凄凉。

晚上11点多。荣民总医院大夜班工作人员查房，发现三毛病房里的灯还亮着。三毛告诉工作人员，她的睡眠状况很不好，希望不要在夜间打扰她。

1月4日。清洁女工郑高毓推开了A072病室，走进屋里准备打扫。突然，她惊住了：病人，在卫生间里，已经死了。

三毛用一条咖啡色长丝袜，自缢于浴室吊点滴的挂钩上。那个喜欢穿鲜艳的衣服、红色高跟鞋的女子，死的时候是如此苍白。

医院立即到北投分局，向警方报案。四个小时后，法医刘家缙、检察官罗荣乾赶到病房察看现场：

三毛身穿白底红花睡衣被平放在床上。脖子上，有深而明显的尼龙丝袜吊痕，痕迹由项前向上，直到两耳旁。舌头外伸，眼睛微张，血液已经沉入四肢，身体呈灰黑色。

法医鉴定：死亡时间为1月4日凌晨2时左右。警方检查了病房和浴室，未发现他杀疑点。警方断定，三毛系自缢身亡。

警方还指出，三毛自缢在浴室内马桶上方，马桶上安有护手。如果三毛尚有求生念头，可以扶住把手保住生命。但是，三毛没有那么做。

上午10时45分。医院将三毛的遗体移交给其亲属陈嗣庆。三毛被安放在荣民总医院太平间里。

陈嗣庆夫妇陷入了极度的悲痛之中。父亲谈起爱女："她从小就是一个特殊人物，和一般小孩子不一样，凡事过分敏感，这种危险的倾向总是存在的。"他说："我很难形容我的女儿，我想，她一直感到很寂寞吧！"

世界各地的读者为之呜咽，可叹，可悲，虽然不是如花少女，但三毛的年华一直是那样艳丽，青春并不只限于年纪。

父亲打算将三毛生前精心布置的育达商校附近的公寓，辟为她的纪念馆。

母亲缪进兰身患癌症近六年。听到女儿的凶信，几乎昏厥。从医院返回家里，悲痛万分，并深闭不出。

除了自杀这一方面，三毛是很孝顺的孩子，对父母亲也很照顾体贴。她常常说要自杀，说了很多次，每一次听起来都是一种煎熬。

但和牧羊童常说狼来了狼来了一样，自杀也只是被当作"文人的疯话"，搞艺术创作的人，大多数是被认为不正常的，三毛说疯话，大家也都理解。

况且最近也没有什么芥蒂，更没有什么不愉快，她是没有理由寻短见的，谁料到竟是这么样糊涂。

三毛经常对母亲说：父母在不远游。可能是年轻的时候在外太多年了，后来，三毛都待在家里，树欲静而风不止，子欲养而亲不待。

三毛生前曾对母亲说，喜欢火葬，她认为那样干净，生前最喜欢黄玫瑰，死后母亲在那件三毛在家最喜欢穿的衣服上，绣了漂亮的黄玫瑰，外面就是一个漂亮的棺材了。

三毛就这样莫名其妙地走了。被疼爱的孩子，你为什么如此地想不开？

三十年来三毛先后游历五十多个国家，为她的作品打下了丰富的生活基础。丈夫荷西去世之后，她更是辛勤笔耕，每天工作十六个小时，结果颈椎、肩肘都落下重症，加上年前跌伤，肋骨错位卡在肺中，又连绵不断地发烧、昏厥，有时竟连软软的衣服在身上都痛不可当，只能把自己泡在浴池中减痛。

三毛烟抽得很凶，止痛片更是一把把往嘴里送，对身体也不是很爱护。总是喜欢喝酒，还喝得烂醉如泥，有一次竟然从楼梯上摔下来，还切掉半个肺，而她却毫不在乎。

三毛的每一段经历都是一个传奇，都是故事一样的存在，都是用深埋身心的巨大痛苦拼搏来的，是让无数人感怀于心的。她的创作不矫揉，不造作，呈现内心最真实的画面。

三毛对生命的看法很是特别，她相信人是分肉体和灵魂两种形式的，她毁掉了她的身体，她的灵魂又存在了哪里？

三毛是很有灵性和聪明才智的，也许她是抛下有病的躯体，步入另一种形式的生命。三毛的经历丰富，活了四十多岁仿佛活了四百岁。

也许三毛是不适合活在这个世界的，她是如此痛苦，生命之神让她染上诸多疾病，死神又在二次拒绝后，才把三毛纳入了怀抱。

这样也好，死了就不孤单了吧，但愿她能得到她一生祈求的满足与快乐。荷西，荷西还在那里等待着三毛，人间眷侣去了地府也是一对幸福的鬼魂。

三毛的自杀，最大的可能是来自心灵深处的空虚寂寞。三毛一直有自杀的倾向。她是一个戏剧性很强、悲剧性很浓的人物，她是因失去爱与被爱的力量才离开人世的。

三毛的自杀，震动了千千万万热爱三毛的读者，尤其是青少年读者。他们震惊、惋惜、悲痛……

天空没有飞鸟的痕迹，而我已飞过。三毛的一生，就是最好的见证。

　　三毛这一生，永远是一个书奴。她曾经说："我看书，这使我多活几度生命。"漫长的夜，一盏灯，一本书，足矣。

　　三毛在大学选修的是哲学，她一直在思考"人活着，是为了什么"。当年，那个自闭的小女孩，在黑暗狭小的屋子里也在思索着这个问题。

　　后来，三毛迷上了日本作家芥川龙之介的小说《河童》。《河童》对现实世界的嘲讽、否定和作家本人自杀而死的结局，使三毛产生了强烈共鸣。

　　一个台风之夜，三毛割腕自杀，生命线的那头没有呼吸，但三毛还是被救了回来。又一次吞药寻死，三毛便懂得了，死都不怕，为什么还怕活着。

　　作家李敖说："三毛很友善，但我对她印象欠佳。三毛说她'不是个喜欢把自己落在框子里去说话的人'，我看却正好相反，我看她整天在兜她的框框，这个框框就是她那个一再重复的爱情故事，其中有白虎星式的克夫，白云乡式的逃世，白血病式的国际路线和白开水式的泛滥感情。如果三毛是个美人，也许她可以有不断的风流余韵传世，因为这算是美人的特权。但三毛显然不是，所以，她的'美丽的'爱情故事，是她真人不胜负荷的……"

　　是的，三毛是崇尚自由的，她一直用流浪来证明自己的洒脱，可她的心灵从未被解脱。生活在纠缠着她，生命还在等着她破解，活或死，等着三毛来抉择，一个个框框束缚她，压抑她，她已经快要无法呼吸。

绘画老师顾福生是三毛一生中的重要之人，他把那个孤独的少女领进文学的大门。从此，文学把这个心灵陷入苦海的少女拯救出来。

1973年，三毛与荷西结成夫妇。在沙漠和大西洋的海岛上，度过了六年神仙眷侣的生活。

那是她"前世乡愁"的地方，那是世俗之外的世界。三毛逃避了滚滚红尘，来到梦中的怀抱。三毛是沙漠的女儿，撒哈拉永远都对她深情。

三毛说，她不过是像宝玉出家那样，头也不回地奔往沙漠罢了。儿时的那段，宝玉告别父亲那段，白茫茫的雪地，却也是离开头也不回。

荷西死了。三毛不得不回到她视为红尘万丈的台北。自1982年9月在文化学院教学，至1991年年初自缢身亡，她在台湾定居了八年多。除去旅行、在美国养病和三次返回大陆，她只有四年的"红尘"生活。

四年，多么短暂的时间，思念，如此漫长的岁月。在这尘缘之中，三毛是扎根于泥底的浮萍，挣扎着要去更远的地方。

她会把自己的死，视为脱离苦难的极乐康桥。她不会太痛苦。三毛的出世生命观，导演了她凄美的一生。

三毛，是20世纪七八十年代，中国文坛上最风靡、最受欢迎的畅销书作家之一。她是万千少男少女心中的偶像，她是照耀台北的"小太阳"。

台北的"小太阳"，光芒万丈，而"太阳"本身，却孤独得要命！三毛的心要逃脱在五行之外，可肉体却贪恋红尘的那一缕醇香。三毛，是一个身在夜市，却爱喝玉冰的人。

三毛这翩翩起舞的蝴蝶，在人世间游荡，不应该的年代，谁又能摆脱人世的悲哀。

红尘中的三毛，依然在辛勤耕耘她的文学，只是风景线一变再变，情感总是起伏再波荡。如梦的远方时光，如今夜市的一盏孤灯，低回着一种寂寥、落寞、婉丽和悲凉的调子。

文采依旧，并没有到江郎才尽的地步，韶华依旧，只是心态已是明日黄花。

三毛知道文学是一种创新。无论是异域的沙漠时光，还是都市下流动的暗影，终有数到尽头的时候，那个时候是停止，还是去开拓。

新的题材，新的作品，不仅是读者的需要，更是三毛这个浪漫女作家的追求，把一样的酒装在不同的瓶子里，那样的事情，三毛做不到，也不会去做。

茶馆酒肆有她的笑谈，荒山野岭上留下足迹，用"三毛式"的眼睛，咀嚼观察一切。她爱她的家乡，她更爱她的祖国，三毛希望人们称她为"中国作家"，而不是"台湾作家"。

对海峡对岸的那块土地，她始终爱得深沉，爱得无悔。

三毛总是生病，但她从来没有害怕过病魔，她是一个淡然感性的人。在疼痛来的时候，三毛会发泄她的痛苦，过后，她依旧还是那个淡然的自己。

只是疾病困住了三毛的身体，也捆绑了身体的那个灵魂，既然这副躯体已不能带着她前进，那三毛就抛弃了它，灵魂独自奔跑。

三毛，很久以前，就在设计她的葬礼，婚礼是仓促的，而葬礼却勾勒了那么多年。

1990年12月16日，散戏回来的路上，她走进一家灵堂，突然要求同来的朋友、舞台设计师登琨艳为她设计葬礼。

三毛说："我已经拥有异常丰富的人生，要学三岛由纪夫的死亡方式。"

她一直在设计，在等待那一刻的到来，可惜天未遂人愿，她便自己动手实现了那个策划了很多年的事情。

1991年元旦，她莫名其妙地送给母亲一张生日贺卡，上面写道："亲爱的姆妈，千言万语，说不出对你永生永世的感情。"母亲告诉她，离生日还有一个月呢，三毛答道："再晚就来不及了。"

1991年1月1日凌晨，三毛给大陆作家贾平凹写信，相约来春西安再见。当天，她住进荣民总医院。毫无疑问，一个没有生之欲望的人，是不会躺在手术台上，静静地接受治疗的。

正如三毛本人所坚信的：命运的悲剧，不如说是个性的悲剧。三毛的自杀，很大一部分取决于她的性格。

唯浪漫主义，她从来分不清现实与梦，她一直都在做梦，梦醒了，三毛却认为是噩梦的开始。爱情已经离她而去，人世还有许多纠纷。亲情，没有浓烈到挽回那颗没有爱的心。

三毛一直是渴望被爱的，当爱来临时便逃开。三毛是一个喜欢幻想、爱做梦的作家，当幸福来临时，她却选择悲凉的结局。

有的人走了就是走了，有的人离开了，却从未离开过。三毛就是这样的一个女子，活着让人为她牵肠挂肚，死后还有无数的人在心里缅怀着她。

三毛带着她的梦义无反顾地走了，安静的时候品她的繁华喧闹，热闹中想她的恬静淡然，总是让人无法不想念，又有些怨恨。

她说，一个有责任的人是没有死亡的权利的！那她怎么会选择自杀呢？是对生无恋了，还是对死无惧了，或者对生活没有期盼了……

青春吹动了长发，牵引你的梦，红尘已留下你的微笑。春雨的夜晚，为你难眠；娇嫩的花朵，在散发你曾经的芳香；漫天的飞絮，到过你曾经的足迹。

春去秋来，宿命里谁在安排，红尘暗香，为何不见了你的容颜？冰雪寒夜掩不了曾经的光彩，前世轮回，低语喃喃在为谁。

后记

搁笔之时，心中缱绻万般情愫，三毛，一个倔强的女子，灵魂的行者。她用笔端，带着无数人走过了万水千山。她亦是用自己的生命，走出了一段传奇之旅。追寻一生情影，且让思绪如潮水般蔓延。

生命之初就凝固成自闭症，画家顾福生为三毛开启了紧锁的心门，她的灵魂走向了一个自由的世界。

有幸，她在最美的年华里遇见了最爱的人。

三毛与丈夫荷西在撒哈拉沙漠生活了六年，那六年是三毛物质生活最贫乏、精神生活最富有的日子，她的朗朗笑声，在浩瀚的沙漠中随着黄沙起舞。然而，情深不寿，荷西不幸潜水身亡，三毛坠入人生的最低谷。所有良辰美景都在爱人西去的同时颓唐了。

"不要问我从哪里来，我的故乡在远方……"

我向往那撒哈拉沙漠里三毛年轻、诗意的流浪，那浪漫的旅途总让我想起在呼声四起的岁月里，漂泊者的脚步渐渐沉重，甚至都忘了流浪的目的。一直到那个男人倒下，三毛忽然成熟了，不愿意再仅仅为别人的热闹而走下去，写下去。那几篇悼念的文字算是一个转变。

为什么要在这个世界上漂泊流浪？为什么这么悲伤？为什么歌唱？为什么曾经的快乐和繁华都不见了？

"这长长的旅程，他耐得住几天？人生又有多少场华丽在等着？不多的，不多的，即使旅行，也大半平凡岁月罢了。"

这个沧桑的女子引发了我前所未有的悲伤。刹那间，我明白了三毛流浪的理由，也明白了三毛离去的理由。虽然这些后来都被一些别有用心的人恶意中伤过。

结束了十四年流浪的三毛执教小说研究、散文习作，深受学生的喜爱。她用心血凝成一部部惊世之作。她用灵魂，滋润着一个个渴望自由的人。

人生这场大宴会上，三毛看够了，也看透了，便痛痛快快地走了。

三毛的文字清新、秀丽又独特，每个字都是三毛走过的每个脚印，笔下跳跃的字是情与心谱写的生命之歌，叫人读了又读，看了又看。自然心河的流淌，静静地打动从河边走过的人。

相信每个人都做过漂泊的梦。放纵一次，只身上路，去梦的远方，看看生命最真实的样子，然而，诸多现实锁住了我们的脚步。现实的坚硬和呆板总让人将希望寄托在遥远的地方，然而又由于现实的牵挂而无法成行。

只有三毛，悄然出发，去寻找梦中的沙漠和草原。一片金黄的沙子铺展开来，月光，风声，口哨声，长着络腮胡子的男人和结着辫子的女人……这些曾经无数次徜徉在我们梦中的景物，三毛都一一亲历，那是她人生中活生生的回忆。那是我们无数人心中叹息的梦。

最勇敢的人，才能看到最美的风景。

放下牵绊，放下渴望。

也许，是时候，放纵一次，灵魂去旅行。

附录：三毛生平

　　三毛，当代著名的游记散文作家。她的一系列描写海外生活的作品，在华人世界里掀起了一阵又一阵"三毛热"，影响了几代人的成长。

　　她的足迹遍及世界各地，她的作品也在全球的华人社会广为流传，在中国大陆也有广大的读者，其生平著作和译作十分丰富。共有二十四种。

　　三毛英文名叫ECHO，三毛本是笔名，从三毛的《闹学记》序中只提及"三毛"二字中暗藏一个易经的卦。但是什么玄机，就不得而知了。

　　三毛于1943年3月26日出生于四川重庆。幼年时期的三毛就表现出对书本的爱好，五岁半时就在看《红楼梦》。初中时期几乎看遍了市面上的世界名著。初二那年休学，由父母亲悉心教导，在诗词古文、英文方面，打下坚实的基础。并先后跟随顾福生、邵幼轩两位画家习画。

　　1949年，三毛一家迁往台湾。六岁时三毛上学，由于酷爱语文致使数学等其他科目学习成绩不佳，再加上身体原因，三毛于初二那年休学。

1962年，三毛的第一篇作品《惑》被刊登。三毛第一次近距离地触碰她的文学梦。

1964年，得到台湾文化大学创办人张其均先生的特许，进入台湾文化大学哲学系做旁听生，用三毛自己的话说，在哲学系三年的学习，虽然没能告诉她生活和生命的真谛，但教会了她观察和思考，这对三毛日后的人生道路和写作都有很大的帮助。这三年，三毛的课业成绩优异。

1967年，三毛离开中国台湾，远赴西班牙。三年之中，先后就读于西班牙马德里大学、德国歌德书院，在美国伊诺大学图书馆工作。这段经历对她的人生经验和语文进修有很大助益。

1970年，三毛回国，受张其均先生之邀聘在台湾文化大学德文系和哲学系任教。后因未婚夫猝死，极度悲痛之下，再次远赴西班牙，和苦恋了她六年的荷西重逢。

1973年，于西属撒哈拉沙漠的当地法院，与荷西公证结婚，开始了她人生中最灿烂的一段。大漠的神秘绚烂，大漠人的淳朴善良，和荷西的深深挚爱，激发了三毛潜在的创作激情，她在停笔多年以后重新写作，并且一发而不可收，迅速成为华人世界里最受瞩目的女作家。

1976年5月，三毛的第一部作品《撒哈拉的故事》出版。

1979年，夫婿荷西意外身亡，这件事对至情至性的三毛的打击是旁人无法想象的。也许就是从这时起，三毛已经不是那个我们所熟知的三毛了。

1981年，三毛决定结束流浪异国十四年的生活，回到台湾定居。虽然不断有新作问世，但在感情世界里三毛一直是极度孤独和寂寞的，这给三毛的生活蒙上了挥不去的阴霾。同年1月，《联合报》特别赞助她往中南美洲旅行半年，回来后写成《万水千山走遍》，并做环岛演讲。之后，三毛任教文化大学文艺组，教小说创作、散文习作两门课程，深受学生喜爱。

1984年，因身体状况辞去教职，而以写作、演讲为生活重心。

1989年4月，首次回大陆家乡，发现自己的作品在大陆也有许多的读者，并专程拜访以漫画《三毛流浪记》驰名的张乐平先生，了确夙愿。

1990年，从事剧本写作，完成她第一部中文剧本，也是她最后一部作品《滚滚红尘》。

1991年1月4日，清晨去世，享年四十八岁。

图书在版编目 (CIP) 数据

万水千山走遍：三毛传 / 艾平著 . -- 北京：中国
华侨出版社 , 2019.10（2024.6 重印）
ISBN 978-7-5113-7977-1

Ⅰ.①万… Ⅱ.①艾… Ⅲ.①三毛（1943-1991）—
传记 Ⅳ.① K825.6

中国版本图书馆 CIP 数据核字（2019）第 185547 号

万水千山走遍：三毛传

著　　者：艾　平
责任编辑：刘晓燕
封面设计：冬　凡
美术编辑：潘　松
经　　销：新华书店
开　　本：880 mm × 1230 mm　　1/32 开　　印张：8　　字数：171 千字
印　　刷：三河市华成印务有限公司
版　　次：2020 年 6 月第 1 版
印　　次：2024 年 6 月第 5 次印刷
书　　号：ISBN 978-7-5113-7977-1
定　　价：38.00 元

中国华侨出版社　　北京市朝阳区西坝河东里 77 号楼底商 5 号　　邮编：100028
发行部：（010）58815874　　传　真：（010）58815857

如果发现印装质量问题，影响阅读，请与印刷厂联系调换。